GRUPOS:
O PODER DA CONSTRUÇÃO COLETIVA

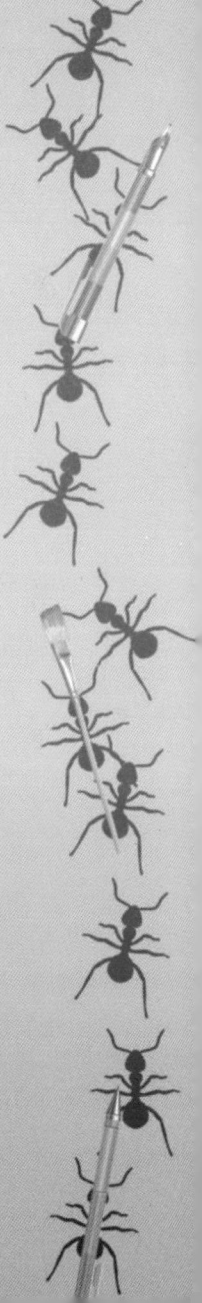

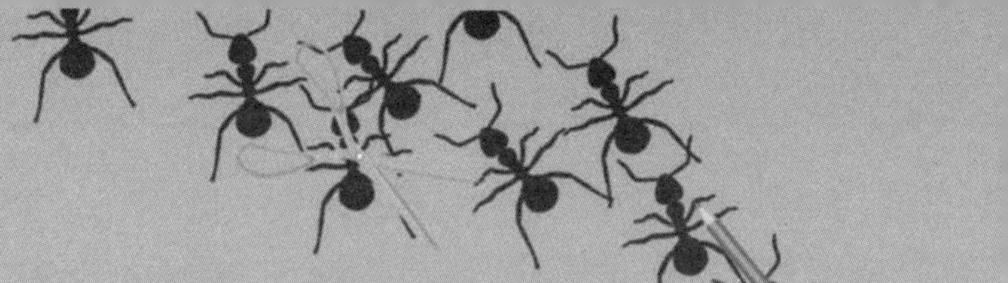

DENISE VIEIRA DA SILVA LEMOS

GRUPOS: O PODER DA CONSTRUÇÃO COLETIVA

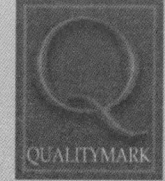

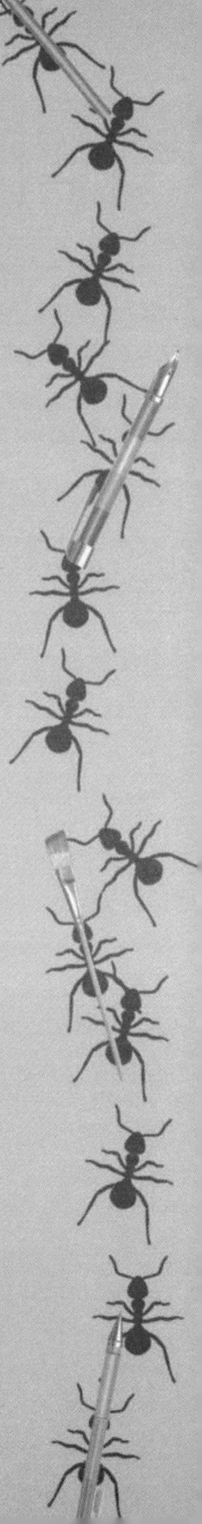

QUALITYMARK

Copyright© 2010 by Carlos Henrique Lisboa da Cunha e Denise Vieira da Silva Lemos

Todos os direitos desta edição reservados à Qualitymark Editora Ltda.
É proibida a duplicação ou reprodução deste volume, ou parte do mesmo,

Direção Editorial	Produção Editorial
SAIDUL RAHMAN MAHOMED editor@qualitymark.com.br	EQUIPE QUALITYMARK produção@qualitymark.com.br

Capa	Editoração Eletrônica
RENATO MARTINS ARTES & ARTISTAS	ARAÚJO EDITORAÇÃO

CIP-Brasil. Catalogação-na-fonte
Sindicato Nacional dos Editores de Livros, RJ

C977g

    Cunha, Carlos Henrique Lisboa da

    Grupo: o poder da construção coletiva. Carlos Henrique Lisboa da Cunha, Denise Vieira da Silva Lemos – Rio de Janeiro : Qualitymark, 2010.
    136p.

    Inclui bibliografia

    ISBN 978-85-7303-967-2

    1. Grupos de trabalho. 2.Liderança. 3. Relações humanas. I. Denise Vieira da Silva Lemos. II. Título.

10.4976   CDD: 658.4022
                                                                                      CDU: 005.743

2011

Qualitymark Editora Ltda. Rua Teixeira Júnior, 441 – São Cristóvão 20921-405 – Rio de Janeiro – RJ Tel.: (21) 3295-9800 ou 3094-8400	QualityPhone: 0800-0263311 www.qualitymark.com.br E-mail: quality@qualitymark.com.br Fax: (21) 3295-9824

Agradecimentos

Aos amigos e parceiros de jornada no mundo dos grupos: Azenilda Pimentel, Margarida Almeida e Valter Santos que nos primórdios do nosso interesse por grupos estiveram presentes, participantes, críticos e contributivos, e que se fazem presentes, ainda que indiretamente, em todas as páginas deste livro.

A Isabela Sales que nos ajudou a traçar as linhas mestras da temática dos grupos e suas contradições.

Aos alunos, coordenadores e observadores de grupo do Núcleo de Psicologia Social da Bahia, que nos deram a chance de conviver, aprender e ensinar grupos.

Também não poderíamos deixar de registrar nossos agradecimentos às pessoas com quem tivemos a oportunidade de trabalhar desenvolvimento de grupos e equipes em organizações, que tanta riqueza nos proporcionou durante os trabalhos que realizamos juntos.

A nossa família, nosso grupo primário e primeiro em todos os sentidos da convivência humana, social e espiritual, obrigado.

Apresentação

Grupos e equipes para nós são conceitos intercambiáveis, ou seja, eles se comunicam e se integram ao longo desta obra. É comum no ambiente empresarial a referência a grupos de trabalho, equipes de projetos, círculos da qualidade, grupos-tarefa. Uma terminologia muito característica da administração e gestão de organizações. No ambiente acadêmico e em organizações de cunho social ou filantrópico fala-se de grupos de ação, grupos de convivência, grupos sociais. Essa é uma terminologia típica da sociologia e da psicologia social. É por isso que não fizemos distinções conceituais sobre grupo e equipe. Esses termos estarão presentes o tempo todo e numa interação que lhes é própria.

A construção coletiva, para nós, exprime a ideia de que o desenvolvimento de grupos ou equipes não passa por uma ação isolada de liderança, mas por uma vontade e uma direção de mudança e transformação coletiva da realidade, onde a liderança é parte do processo.

A nossa intenção é propiciar a consultores, facilitadores de grupos, coordenadores de grupos, líderes, observadores de processo grupal e integrantes de grupos, uma análise integrada de muitas temáticas e questões pertinentes ao desenvolvimento de grupos. As temáticas permeiam conceitos, estratégias, procedimentos com grupos.

O prefácio deste livro, assinado por Leonardo Schvarstein, um curioso e dedicado profissional acerca da análise da psicologia social nas organizações, é um presente que nos foi dado e que dividimos com você leitor.

A noção do intercâmbio entre os conceitos de grupos e equipes, o contexto em que operam, a razão de existência dos grupos humanos, a estratégia da aprendizagem em grupo e a vida em grupo são explorados no Capítulo 1.

Os papéis emergem no processo grupal de forma intensa. É no Capítulo 2 que examinamos os papéis que vivemos quando em grupo e trazemos uma compreensão diferenciada do papel da liderança.

O Capítulo 3 é bastante intenso porque aborda o cerne dos grupos: as relações entre o eu, o outro e o grupo. Trazemos os conceitos de vínculos, colocaremos a comunicação no eixo central do processo de grupos, reconhecemos os mitos, relacionamos as interações indivíduo, grupo e organização.

Falar sobre o poder no âmbito do grupo seria inevitável porque a dinâmica operativa de um grupo é essencialmente uma relação de poder e saber. No Capítulo 4 este assunto é colocado na relação poder e saber na forma de capital simbólico. Complementa-se ao tema a relação da pessoa com a autoridade e o conceito de autonomia.

A mudança e a transformação é a essência do desenvolvimento de pessoas e grupos. No Capítulo 5 aborda-se a questão da dialética para entender o grupo e suas contradições, os mecanismos de resistência à mudança, a relação das pessoas e dos grupos com o âmbito institucional e organizacional e os impactos frente à transição para a mudança.

A obra tem como cerne a nossa experiência na formação de coordenadores de grupos operativos, no desenvolvimento de agentes sociais de mudança e no desenvolvimento de grupos de trabalho em organizações públicas e privadas. O referencial teórico toma como principal eixo a técnica dos grupos operativos de Pichon Rivière, a psicologia social e a sociologia do trabalho.

Esperamos que o leitor aproveite toda a obra na sua vida cotidiana enquanto indivíduo de relações sociais e participantes de grupos ou à frente da condução de grupos no papel de líder, facilitador e coordenador. Esta obra não promete receitas nem defende dogmas; ela está aberta ao questionamento, à experimentação e à complementação.

Carlos Henrique Lisboa e Denise Vieira

Prefácio

Leonardo Schvarstein

La literatura de divulgación moderna sobre empresas y organizaciones en general nos abruma con la cuestión del trabajo en equipo. Las afirmaciones sobre las bondades de los equipos van desde la simple recomendación a considerar sus beneficios, pasando por las exhortaciones para extenderlo a todos los ámbitos de la organización, y llegando hasta las apelaciones compulsivas para adoptarlo so pena de dejar de ser eficaces como organización. Se los ha calificado de muy variadas e imaginativas maneras: equipos interfuncionales, equipos interdisciplinarios, equipos "em-poderados" (*empowered*), equipos autogestivos, equipos de proyecto, equipos de alto rendimiento, equipos de alto involucramiento, Tanta insistencia resulta llamativa y me propongo, en este prólogo a un libro que trata precisamente del tema en cuestión, contribuir con algunas ideas que habitualmente no se toman en cuenta.

En primer lugar, señalo que, en la literatura referida, el trabajo en equipo aparece considerado como

a. el elemento básico de una **estructura**, como sucede con el concepto de "organización basada en equipos" (*team based organization*), definida como aquella en la que sus actividades básicas se llevan a cabo en equipos y en la que prevalecen las relaciones horizontales por sobre las verticales (Mohrman, Cohen y Mohrman, 1995)[1];

b. una **práctica** de la organización necesaria para llevar adelante, por ejemplo, programas de calidad y de mejora continua, gestión de proyectos, implementación de sistemas etc.;

c. una **disciplina**, es decir, "un cuerpo teórico y técnico que debe ser estudiado y dominado para ser puesto en práctica . . . una via de desarrollo para adquirir ciertas habilidades o competencias" (Senge, 1990);[2]

d. un **valor** de la organización, como en el caso de una empresa que lo erige como tal, junto con la profesionalidad y el compromiso.[3]

Semejante dispersión conceptual referida a una misma noción lleva a la necesidad de hacer ciertas distinciones semánticas.

En primer lugar, la noción de equipo está relacionada con el concepto más amplio de **grupo**, que reconoce múltiples definiciones, entre las que este libro elige la de un psicoanalista y psicólogo social argentino, Enrique Pichon Riviere: "conjunto restringido de personas que, ligadas por constantes de tiempo y espacio y articuladas por su mutua representación interna, se proponen en forma explícita o implícita una tarea que constituye su finalidad, interactuando a través de complejos mecanismos de asunción y adjudicación de roles" (Pichon Riviere, 1975).[4] La definición pone énfasis en dos organizadores grupales, la mutua representación interna y la tarea,

---

[1] Mohrman, S., Cohen, S. y Mohrman, H. *Designing team based organizations*. San Francisco: Jossey Bass, 1995.
[2] Senge, P. *The fifth discipline*. New York: Doubleday, 1990.
[3] Grupo ASSA (www.grupoassa.com).
[4] Pichon Riviere, E. (1975). *El proceso grupal*. Buenos Aires: Nueva Visión, 1980.

pero nada dice acerca de la eficacia del cumplimiento de esta última. Más aún: no dice que los miembros deban tener objetivos comunes, ni que sus roles deban ser complementarios, ni que que la comunicación entre ellos deba ser abierta y fluida.

Se trata de una definición con un alto margen de ambigüedad, lo cual no encierra ninguna connotación negativa porque la ambigüedad es inherente a la comunicación humana. La idea que un conocimiento preciso requiere una definición precisa es, a mi juicio, equivocada, y podemos pensar a partir de la noción de grupo gracias al margen de ambigüedad señalado, diría yo, y no a pesar suyo.

Sucede lo mismo con la noción de sistema, que debe en buena parte a su fructífera ambigüedad el hecho de haber sido, en los últimos cincuenta años, el pilar de los desarrollos de en informática, comunicaciones, administración, psicología, sociología y tantas otras disciplinas.

Algunas de las ambigüedades señaladas se resuelven si consideramos la noción de **grupo de trabajo**, que es más específica en tanto hace referencia a una tarea explícita y a un modo de interacción entre los miembros estructurada en función del logro de un resultado.

Hace falta llegar a la noción de **equipo** para seguir reduciendo el margen de ambigüedad señalado, como vemos, por ejemplo, en las siguientes definiciones

- un grupo en el que los individuos tienen un objetivo común, y en el que las actividades y las habilidades de cada miembro encajan unas con otras como piezas de un rompecabezas (Smith, 1979).[5]
- un grupo de personas colectivamente responsables por el logro de un resultado" (Mohrman, Cohen y Mohrman, 1995).

---

[5] Babington Smith, B y Farrell, B .A. *Training in small groups*. Pergamon, 1979.

El acento puesto en el cumplimiento de un objetivo común y en la responsabilidad exigible a las personas para dicho cumplimiento, pone de manifiesto que la solidaridad de los miembros (en el sentido estructural del término) es una propiedad necesaria de los equipos. De allí el sentido de la metáfora del rompecabezas, ya que cada una de las piezas no vale nada si no se asocia con las otras y, al mismo tiempo, no se puede armar el conjunto si falta alguna pieza.

Es interesante señalar que en inglés, la palabra *team* se utilizó originalmente para denominar a un conjunto de animales de tiro (bueyes, caballos) ligados a un arnés, y que se valoraba el hecho que los bueyes tiraban mejor si están juntos que separados (Adair, 1986).[6] Y que en español (también en portugués) la palabra equipo también alude a la maquinaria y al herramental necesario para llevar a cabo un trabajo, lo cual da cuenta del carácter instrumental que ha adquirido la noción de equipo en la organización moderna.

La literatura de divulgación más reciente introduce el concepto **equipos de alto rendimiento** (*high performance teams*), sumando dos condiciones: que los resultados pretendidos sean logrados de manera eficaz y eficiente, y que el equipo contribuya a la eficacia y a la eficiencia de la unidad mayor en la que está contenido. Los conceptos de eficacia y eficiencia introducen el valor económico asignado al trabajo en equipo, y traen consigo la necesidad de especificar de manera muy precisa los resultados a obtener, los plazos de ejecución y los recursos que se requieren.

Hemos hecho hasta aquí un recorrido semántico, desde la noción de grupo hasta la de equipo de alto rendimiento, a partir del cual podemos sacar algunas conclusiones.

---

[6] Adair, J. *Effective teambuilding*. London: Pan Books, 1986.

- El camino del grupo al equipo es equiparable al que hay entre la ambigüedad y la especificación. Dicho de otra manera, la definición de grupo deja mayores márgenes de ambigüedad que la de equipo, y el pasaje del grupo al equipo en la organización implica un avance en la dirección de la eficacia y de la eficiencia.
- El pasaje del grupo al equipo implica la especificación de:
  √ un propósito compartido y significativo;
  √ los objetivos y metas asociados a dicho propósito, los planes para cumplirlos y las formas de medirlos;
  √ los roles de los miembros, basados en la utilización complementaria de sus conocimientos y habilidades;
  √ los métodos de trabajo para llevar a cabo las actividades que conducen al logro de los resultados;
  √ una actitud colaborativa de los miembros, basada en la convicción de que el resultado pretendido no puede ser alcanzado si no es con el esfurezo y el compromiso de todos.
- La especificación de estos *parámetros* nunca puede ser completa. De manera análoga a la existencia de un resto inconsciente en psicoanálisis, y en virtud de la ambigüedad inherente a la comunicación humana que transcurre en el lenguaje, siempre quedará un resto por especificar que permanecerá no formulado, no estructurado, informe.
- De lo anterior se desprende que la relación entre ambigüedad y especificación es dialéctica, es decir, que la ambigüedad es la negación de la especificación y que el proceso que va en la dirección de esta última nunca termina, porque cada nueva especificación trae aparejada su propio margen de ambigüedad. En este sentido, el proceso de especificación es análogo a la

caracterización que Sartre hizo del grupo como totalidad inacabada, siempre en curso (Sartre, 1960).[7]

- El hecho que la relación entre ambigüedad y especificación sea dialéctica implica que el movimiento del grupo al equipo no es unidireccional. Por un lado, se transita del grupo al equipo por vías de la especificación de los parámetros señalados. Por el otro, el equipo se transforma en grupo cuando se "encuentra" con las inevitables ambigüedades de sus especificaciones. Grupo y equipo son, en este sentido, dos momentos de un proceso dialéctico referido a un mismo conjunto de personas, y el pasaje del equipo al grupo no significa una "regresión".

- El pasaje de un momento a otro no es necesariamente producto de la voluntad ni de los miembros ni de la organización que los contiene. Un grupo puede transformarse en equipo a pesar suyo, por imperio del contexto o de las circunstancias. Un equipo devendrá en grupo cuando transite por sus bordes, cuando se acerque a sus límites, cuando opere fuera de las condiciones preestablecidas.

- El movimiento del grupo al equipo, o de la ambigüedad a la especificación, significa un aumento en la restricción impuesta a la variedad de conductas posibles de los miembros. La pertenencia a un todo siempre entraña una limitación para las partes. En este sentido, al ser el equipo un grupo con parámetros más claramente especificados, sus miembros tendrán, individualmente, menos grados de libertad para decidir acerca de sus propias acciones. Recordemos aquí nuevamente el origen anglosajón de la palabra equipo y la figura de los bueyes atados a un arnés.

---

[7] Sartre, J. P. *Critique de la raison dialectique*. Paris: Gallimard, 1960.

- Se "gana" y se "pierde" cuando el grupo va hacia el equipo, y cuando el equipo va hacia el grupo. Del grupo al equipo se gana en eficacia, eficiencia, productividad, cohesión, solidaridad. Del equipo al grupo se gana en espontaneidad, improvisación, autonomía (entendida como la capacidad de operar en condiciones distintas de las inicialmente establecidas.

Más allá de las consideraciones que anteceden, preciso es reconocer que el trabajo en equipo se ha instalado en el imaginario colectivo como una aspiración altamente valorada. Mucho de ello se debe tal vez al enorme espacio y tiempo que dedica nuestra sociedad al deporte profesional. Los logros de los equipos de clubes y nacionales, en cualquier deporte colectivo que sea, se festejan hoy día como se festejaban antaño los triunfos en las batallas.

Esto tiene sin duda connotaciones ideológicas que exceden los alcances de este trabajo. Me limito simplemente a señalar a este respecto que, al erigir al deporte profesional en tema de conversación insoslayable y cotidiana, se ocultan, a mi juicio, otras penosas realidades tales como la desigualdad social, la injusticia, el hambre y las enfermedades, por sólo mencionar algunas.

Retomando la cuestión del valor positivo asignado al trabajo en equipo, digamos que si se pretende realizarlo deben tenerse en cuenta las consideraciones que siguen.

- La imposibilidad de especificación completa de los parámetros que definen a un equipo se relaciona con tres improbabilidades.[8]
    - √ Es **semánticamente** improbable definir sin ambigüedad, por ejemplo, el alcance de un propósito o las funciones y responsabilidades de un rol.

---

[8] Schvarstein, L. *Diseño de organizaciones. Tensiones y paradojas.* Buenos Aires: Paidós, 1998.

√ Es **sintácticamente** improbable que tales propósitos y roles ambiguamente definidos, se articulen armónicamente con otros propósitos y otros roles que los propios miembros del equipo y otros integrantes de la organización también tienen simultáneamente.

√ Es **pragmáticamente** improbable que todos los miembros del equipo, y el resto de los integrantes de la organización, interpreten homogéneamente las especificaciones semánticas y sintácticas que definen los propósitos, objetivos, metas, planes, indicadores de avance, roles y métodos de trabajo de un equipo. No hay que olvidar, respecto a esta última improbabilidad, que más allá de los propósitos comunes hay también intereses particulares que se dirimen por vías del establecimiento de relaciones de poder.

- Las improbabilidades señaladas se relacionan con tres **dimensiones de la organización** (Schvarstein, 1998)[9], entendidas como condiciones de existencia.

    √ La **dimensión cognitiva** de la organización, asociada a la improbabilidad semántica, toma en cuenta los conocimientos técnicos y se relaciona con los procesos de aprendizaje.

    √ La **dimensión administrativa** de la organización, asociada a la improbabilidad sintáctica, considera la relación entre propósitos y recursos disponibles, y explica los procesos de productividad.

    √ La **dimensión sociopolítica** de la organización, asociada a la improbabilidad pragmática, alude a la existencia de propósitos en el marco de las relaciones de poder esta-

---

[9] Schvarstein, L. Op. Cit.

blecidas, y contiene a los procesos de adjudicación y asunción de roles.

- Aunque se sepa a priori que es imposible, no puede obviarse la necesidad de superar tales improbabilidades si se pretende trabajar en equipo. Ello implica reconocer la necesidad de un movimiento permanente en el sentido de la especificación, y el consecuente manejo de tres agendas (Buchanan y Boddy, 1992):[10]
  - √ la **agenda de contenidos**, que realiza las especificaciones semánticas, definiendo de los parámetros que constituyen al equipo;
  - √ la **agenda de control**, que se ocupa de las especificaciones sintácticas, considerando los planes, los programas, los presupuestos y la administración de los recursos necesarios para el logro de los resultados del equipo;
  - √ la **agenda de proceso**, que atiende a las especificaciones pragmáticas, tomando en cuenta, en base al marco político y a las relaciones de poder establecidas, la existencia de posibles conflictos y sus modos de resolución.
- El manejo de estas tres agendas requiere a su vez de **competencias** específicas.
  - √ Las **competencias para la producción de información** son necesarias para el manejo de la agenda de contenidos. Es preciso que quienes manejen esta agenda sepan cómo se define un propósito, un objetivo y una meta, cómo se distinguen unos de otros, cómo se especifican los roles, cada

---

[10] Buchanan, D. y Boddy, D. *The expertise of the change agent.* Great Britain: Prentice Hall, 1992.

uno de ellos y sus relaciones, cómo se prescriben los procesos y los métodos de trabajo.

√ Las **competencias administrativas** son necesarias para el manejo de la agenda de control. Quienes se ocupen de ella deberán saber cómo establecer plazos de ejecución, planificar actividades, asignar responsabilidades, presupuestar y distribuir recursos, monitorear el cumplimiento de tareas y llevar a cabo o sugerir acciones tendientes a la corrección de los desvíos que se observen en relación al cumplimiento de los resultados esperados.

√ Las **competencias interaccionales** son necesarias para el manejo de la agenda de proceso. Ellas incluyen las habilidades para la comunicación, la facilitación de las relaciones interpersonales, la gestión participativa y la resolución de disputas.

El cuadro que sigue sintetiza las consideraciones que anteceden.

Dimensiones	Procesos	Improbabilidades	Agendas	Competencias
Cognitiva	Aprendizaje	Semántica	Contenidos	Producción de información
Administrativa	Productividad	Sintáctica	Control	Administrativas
Sociopolítica	Adjudicación y asunción de roles	Pragmática	Proceso	Interaccionales

He realizado hasta aquí ciertas distinciones semánticas entre grupos y equipos, he sacado algunas conclusiones acerca de la relación entre los dos conceptos, y he propuesto ciertas consideraciones que avanzan en el sentido de la implementación de equipos de trabajo.

Quiero ahora señalar que este libro será de sumo interés para quienes pretendan saber más acerca de la implementación de equipos de trabajo. Y lo será por varios motivos.

En primer lugar, porque propone la consideración del tema dentro de un contexto teórico más amplio, el de los sistemas sociotécnicos, que resulta especialmente apropiado para analizar las relaciones entre las técnologías de gestión y las personas en las organizaciones. Este marco posibilita el análisis desde una perspectiva sincrónica que relaciona las distintas formas de organización del trabajo con las distintas configuraciones de los equipos.

En segundo lugar, porque incluye una perspectiva diacrónica que considera la evolución de los equipos de trabajo desde la organización taylorista hasta las formas que tienden a emerger hoy día como consecuencia de la globalización.

En tercer lugar, porque presenta a los equipos de trabajo utilizando el marco teórico de la dialéctica, que resulta imprescindible para entender el carácter dinámico que poseen.

En cuarto lugar, porque explicita un marco teórico específicamente desarrollado para el campo grupal, como lo es la psicología social desarrollada por Enrique Pichon Riviere. Desde esta perspectiva, resultarán particularmente útiles al lector, entre otros conceptos, las distinciones entre tarea explícita y tarea implícita, la noción de vínculo, la alusión a los mecanismos de adjudicación y asunción de roles, la caracterización de los procesos de comunicación y aprendizaje.

En quinto lugar, porque no elude la cuestión del poder en las relaciones entre los miembros de los equipos de trabajo, y porque la trata desde la óptica de dos autores insoslayables para el abordaje de esta cuestión, que son Pierre Bourdieu y Michel Foucault.

CARLOS HENRIQUE LISBOA e DENISE VIEIRA

El libro de Denise y Carlos Henrique supera las limitaciones, simplificaciones y degradaciones con que el tema del trabajo en equipo suele ser abordado por los autores de la literatura de divulgación consumista. Las razones que he dado me parecen más que suficientes para emprender su lectura.

Leonardo Schvarstein é Engenheiro Industrial y Psicólogo Social. Professor de Dirección General y Organizaciones en la Universidad de Buenos Ayres, Director de Seminário de Psicologia Social de las Organizaciones en la Primera Escuela de Psicologia Social fundada por Dr. Pichon Rivière. Autor del Libro *Psicologia social de las organizaciones: nuevos aportes*.

Sumário

Capítulo 1:
 O que é Grupo 1

Capítulo 2:
 Os Papéis no Grupo 23

Capítulo 3:
 As Relações: Eu, o Outro e o Grupo 41

Capítulo 4:
 O Poder nos Grupos 57

Capítulo 5:
 Mudança e Transformação nos Grupos 73

Referências Bibliográficas 103

1

O que é Grupo

1. Introdução ao conceito de grupo
2. O conceito de ser humano e o grupo
3. A história do conceito e do uso do grupo como estratégia de cura, aprendizagem e mudança
4. Conceito de grupo
5. Os fatores articuladores de um grupo

1. Introdução ao conceito de grupo

O grupo que é operativo é um grupo que produz, que é criativo. É uma ferramenta de trabalho social, que procura criar condições para que as mudanças ocorram no interior das pessoas, nas relações e nos grupos. Um encontro de ideologias que em grupo poderão ser submetidas à prova e verificação, criando condições para a produção de um novo conhecimento, para a construção de um referencial próprio. O processo que se desenvolve a partir dessa concepção é um movimento que busca o desenvolvimento das relações no sentido da mudança do pensamento estereotipado, narcisista e de atitudes omissas ou agressivas. Pressupõe a inclusão de opostos, pois quanto mais heterogêneo o grupo mais homogênea é a tarefa, como ressalta Pichon Rivière, nosso guru em matéria de psicologia social.

É um grupo centrado na tarefa que se dá no nível implícito, subjetivo, o que implica lidar com os medos e ansiedades e no nível explícito, concreto, funcional, observável, que é o resultado em si a ser atingido. Essa trajetória implica viver momentos de estruturação, desestruturação e reestruturação.

Ao ser um instrumento de ação, as pessoas descobrem como agem e novas maneiras de agir. Compreendem o que sentem e como os sentimentos afetam a tarefa e os outros. Como pensam e o quanto esses pensamentos conduzem a um futuro que desejaram ou não, assim como novas maneiras de pensar. Repensam a sua maneira de ser e trabalhar em grupo. Uma proposta formativa do ser e não de depósito do saber.

O vínculo é outro articulador que inclui as necessidades comuns e complementares – o diferente, os mecanismos de comunicação e aprendizagem. Pressupõe o descentramento, a empatia solidária e a mutua representação interna. No processo de vínculo aparecem ruídos – os *terceiros* (fantasias, transferências, expectativas) – e se faz necessário o diálogo franco e aberto. Os papéis desempenhados pelos integrantes se constituem em articuladores grupais no momento em que conectam as necessidades do indivíduo com as do grupo. O trabalho em grupo operativo vai se dar no sentido de desenvolver papéis complementares e cooperativos.

No início de um grupo os integrantes têm medo de se expor, da aproximação da imagem fantasiada com a real criação de um código comum. Podem acontecer competições acirradas por posições de saber, marcação de espaço. O movimento inicial de um grupo possui graus variados de coesão e dispersão. Cada grupo escreve a sua história, trabalha no melhor nível que pode e esse ritmo precisa ser compreendido.

A experiência em Grupo Operativo implica em ter tolerância a ansiedade e ambiguidade, a perda de controles seguros. É lançar-se numa corrente de possibilidades. Objeto e sujeito tendem a coincidir e não se pode alterar o objeto sem problematizar o sujeito. É imaginar, fantasiar e propor hipóteses científicas.

É o grupo que cria seus objetivos e faz suas descobertas utilizando o que existe em cada ser humano de riqueza e experiência, ainda que pelo simples fato de viver. Para transformar a informação em ação é preciso considerar que:

- A informação é trazida fragmentada, o grupo a reconstrói e, quando a apreende, já é superior à original.
- Sempre se aprende mais do que é possível pensar, demonstrar ou declarar conscientemente.

- Cada um contribui com o que pode, com seu repertório de condutas e sua forma de ser.
- O conjunto das contribuições articuladas em relação ao objetivo é que vai produzir um novo conhecimento, uma nova possibilidade.
- Para isso é necessária a valorização da opinião de cada um, de reconhecimento das limitações e possibilidades humanas frente ao conhecido e ao desconhecido.

2. O conceito de ser humano e o grupo

Definir o conceito de homem significa construir o caminho da compreensão do conceito de grupo, o qual implica no processo de interação entre seres humanos. Algumas dimensões fundamentais estão explicitadas nas seguintes categorias:

Ser histórico

O que o homem é deve-se em grande parte à sua história, que imprime marcas, que o acompanham durante a sua vida facilitando ou dificultando a sua trajetória, a sua convivência. Entretanto essas marcas não são tatuagens definitivas; é possível tomar distância, entendê-las e modificá-las. Embora muitas vezes isso possa parecer uma ficção, podemos verificar no nosso ciclo de amizades exemplos das duas situações, ou seja, pessoas que não conseguiram alterar sua forma de se relacionar e outras que mudaram significativamente.

Ser de necessidades

É o motor básico propulsor da atividade humana, que de novo pode parecer uma obviedade, mas muitas vezes fracassamos nos nossos propósitos porque, na origem, não atentamos para o clareamento da real necessidade das pessoas envolvidas. A necessidade tem origem no indivíduo, mas a sua satisfação depende da interação com o outro que, por sua vez, também tem necessidades, o que implica que um conjunto de pessoas reunidas, que querem chegar a algum nível de satisfação, precisará descobrir a conexão que revela as necessidades comuns e complementares sem deixar de atentar para as diferenças individuais.O que torna mais complexo é que em algumas situações as pessoas não enxergam, não refletem o suficiente e embarcam em necessidades artificialmente construídas por outro, pela mídia, pelo grupo de referência. Seria de se esperar que todos nós soubéssemos o que queremos com precisão, mas não é assim que acontece. Uma grande ajuda que alguém pode dar ao outro é ajudá-lo a clarear suas necessidades.

Ser de relação

O ser humano nasce de uma relação e se constitui nela; o processo de conhecimento e aprendizagem se dá na interação, que implica em enxergar a si mesmo através do outro. Heinz Von Foerster considera que deveríamos nos referir a nós mesmos como devires humanos, o que vem a ser. E aí vem o problema que é: como podemos nos ver a não ser através do outro? Montaigne dizia que o outro é o nosso espelho, que é impossível nos contemplar a partir de nós mesmos. O outro é que dá a dimensão do que somos, para que possamos refletir a respeito e tomar decisões. Por outro lado, para Sartre "o outro é o nosso inferno" porque, ao ser espelho, muitas vezes reflete características que não gostaríamos de ver e, nesse momento, o outro não me confirma, se opõe; uma vez que coloca em questão a minha autoimagem.

Ser de projeto

Hernam Kesselman, em diálogo com Pichon Riviére, colocou certa feita que estando ele triste e deprimido buscou aconselhamento junto ao mestre que lhe respondeu: "crie, trabalhe".

A primeira vista parece ser um paradoxo, mas como encontrar ânimo para gerar alguma coisa quando estamos tristes e vazios? Mas é exatamente a falta de perspectiva que paralisa e isola o ser humano; é preciso encontrar uma maneira de criar, produzir, *ter um projeto*, no sentido Sartriano, o homem é projeto e isso normalmente só se consegue com a ajuda do outro que *na escuridão empresta seus olhos*. Para Pichon, o projeto é a força acionadora da mudança e pode significar não necessariamente um produto palpável, mas um ganho processual na história de um grupo; por exemplo poder tratar dialeticamente um conflito, identificando as verdades subjacentes a cada uma das posições.

A presença do futuro no aqui e agora indica a existência do sonho, da utopia e, portanto, da esperança. E completando dizia Pichon Rivière: "quem se entrega à tristeza renuncia à plenitude da vida. É preciso planificar a esperança". É esse planificar que torna a noção de projeto algo concreto, como ponto de apoio, como alavancagem de um processo de avanços e recuos, mas que possui um movimento, uma direção.

Em síntese, a noção de homem aqui colocada é, portanto, a noção de *sujeito produzido* pelo meio mas, também, *produtor*. Sujeito do seu próprio destino, capaz de construir sua própria coerência interna em contraposição às determinações do grupo e da organização, no sentido de descobrir formas, "brechas" de criação de um movimento transformador.

Leonardo Schvarstein denomina grupo objeto aquele que se coloca no papel de reprodução de uma ordem instituída, como se não possuísse uma coerência própria, e de grupo sujeito aquele que atua de forma singular preservando a sua essência, questionando, dialogando, buscando participar e influenciar nas questões que afetam a sua vida.

Em todas as definições acima, está implícita a presença do outro e, consequentemente, do grupo. Nascemos, nos criamos e nos constituímos adultos nos grupos: família, escola, amigos, trabalho. O grupo passa a ser o nosso cotidiano, que nos forma e é constituído por nós. Inicialmente a família imprime modelos básicos de comportamentos, matrizes que se repetem ao longo de nossas vidas. São modelos estáveis, mas que podem ser alterados, ressignificados, através da interação e do processo de regulação entre as necessidades individuais e grupais. Em seguida, são as organizações que modelam nossa aprendizagem, nossa vida; é nelas que recebemos ou não reconhecimento, onde nos frustramos ou nos realizamos, interferindo significativamente na formação da nossa identidade e autoconceito.

As organizações e mais especificamente o grupo de trabalho promovem uma interação regular, representando, assim, um lugar para estar e desenvolver uma dependência ou para exercitar a autonomia. O grupo de trabalho se constitui numa galeria de espelhos onde cada um pode se refletir e ser refletido, o que configura uma possibilidade de diferenciar, afirmar e consolidar uma identidade. Possui, consequentemente, um importante papel a desempenhar na qualidade de vida das pessoas. Parte do estresse produzido dentro das organizações é originário do tipo de vínculo que as pessoas estabelecem na sua célula de trabalho, da dimensão em que reproduzem internamente a ideologia organizacional.

Se o grupo se envolve num processo de aprendizagem coletiva, as suas chances de produzir um trabalho emancipador são grandes, pois aprender é mudar e quem sente que muda estabelece um vínculo de adaptação ativa com a realidade, ou seja, uma adequação pautada numa postura crítica e de ação transformadora. O conceito de aprendizagem inerente a essa concepção de ser humano como ser de relação, produzido e produtor, é o de aprender a aprender, aprender a pensar, sentir e agir de forma integrada. Sendo que não é um pensar comum, mas uma reflexão onde entra a posição do outro, que imprime um sentido crítico, uma apreensão crítica do real. Também não é um sentir em si mesmo, mas a sua explicitação; é a atitude de escuta e compreensão do sentimento do outro. E, finalmente, não se trata de uma ação qualquer, mas uma práxis baseada na dialética procurando integrar os opostos, realizar sínteses com vistas a um processo de transformação de si mesmo e do contexto.

3. A história do conceito e do uso do grupo como estratégia de cura, aprendizagem e mudança

Muito se tem escrito sobre grupos, várias teorias tem sido formuladas como também se pode observar ao longo dos últimos cinquenta anos em que se implementaram formas de trabalho muito diversas desde a capacitação de pessoal de empresas, programas de desenvolvimento da criatividade, até a gestão de participação social, implementação de programas de saúde, educação sexual, intervenções comunitárias etc.; inclusive o campo da clínica que desenvolveu diversos dispositivos terapêuticos utilizando o âmbito dos pequenos grupos.

Essa multiplicidade de referenciais teóricos e formas de aplicabilidade constituem um desafio para a formulação de um processo de ensino-aprendizagem sobre os grupos.

A primeira necessidade que se apresenta é o mapeamento geral das diversas linhas teóricas e metodológicas existentes e a elucidação crítica não só em níveis teóricos, mas também vivenciais. A proposta seria então muito mais do que estar preocupado em definir o que é um grupo, com quantos integrantes se constitui, mas sim, a partir da elaboração de referenciais dados, gerarem instrumentos básicos para pensar uma teoria do que fazemos quando instituímos grupos, quando estamos em grupo, quando coordenamos grupos.

Esse conhecimento emergente seria uma síntese entre a elaboração teórica e a experiência com um processo grupal, onde o aprender sobre grupos se daria na vivência de um processo grupal concreto. Trata-se de uma preocupação muito mais epistêmica do que ôntica, da adoção de uma atitude crítica e, enquanto crítica, também ética.

Sobre a ideia de mapeamento das principais abordagens existentes sobre grupos no mundo acadêmico, Fernandez (1998) organiza essas abordagens em três momentos epistêmicos:

O primeiro momento epistêmico estrutura-se a partir da ideia do grupo como um todo. A influência da teoria da Gestalt tornou possível afirmar que o todo é mais que a soma das partes; o grupo seria, então, um *plus* não redutível à soma de seus integrantes. Dentro desse paradigma se destaca a dinâmica dos grupos, que entre 1930 e 1940 instituiu artifícios grupais para a abordagem dos conflitos nos diversos âmbitos: produção econômica, educação, saúde etc. Surge então uma nova técnica – o dispositivo grupal e o coordenador de grupos. A ideia do *plus* grupal transforma os grupos em espaços táticos através dos quais se tentará dar resposta aos diversos problemas que a modernidade apresenta.

A partir daí surgem diversas tentativas de teorizar sobre os grupos que enfrentam a seguinte dificuldade: evidenciar o *plus* grupal é possível, mas produzir enunciados explicativos que deem conta da sua complexidade é extremamente difícil.

O segundo momento epistêmico focaliza a busca dos organizadores grupais, busca dar conta das instâncias de determinação que tornam possível os movimentos grupais. A Psicanálise faz aportes importantes no que diz respeito ao desenho e difusão de dispositivos grupais no campo da clínica. O mesmo poderia se dizer dos grupos operativos de Pichon Rivière em áreas mais diversificadas como educação, saúde, comunidade etc. A grande discussão gira em torno da dúvida sobre o fato de a psicanálise ser ou não capaz de dar conta do espaço grupal, se é possível entender os grupos a partir dos conceitos psicanalíticos, principalmente aqueles relacionados ao inconsciente ou se seria necessário criar outros instrumentos teóricos. Em outras palavras a questão seria: é legítimo estender o campo psicanalítico ao campo grupal? Seriam os princípios organizadores fantasmáticos (inconscientes) os únicos organizadores grupais? Como articular os princípios organizadores descobertos pela psicanálise com os de outras disciplinas?

Segundo Fernandez (1998), a elucidação dessa discussão sofreu as marcas das lutas pela hegemonia do campo intelectual, onde a psicanálise devido ao seu prestígio exerce certa pressão; o que não se verifica com a Psicologia Social de Pichon Rivière, que, embora mantenha conceitos da Psicanálise, integra outros referenciais no que ficou chamado de "epistemologia convergente".

O terceiro momento epistêmico busca uma integração disciplinar, evita um reducionismo: sociologismo, psicologismo, psicoanalismo típico da abordagem de objeto discreto, que estuda o fenômeno isolado de outras áreas do conhecimento e do seu contexto. Esse momento epistêmico enfrenta o desafio de desmontar a ficção do indivíduo como principal âmbito do processo de mudança, que impede pensar o papel do grupal de um lado e a ficção do grupo como intencionalidade, que entende o grupo como um coletivo que possui desejos e sentimentos, como uma unidade.

A análise crítica de tais ficções implica uma mudança de paradigmas teóricos e uma profunda revisão de práticas grupais; em perceber entre o indivíduo e o grupo uma relação dialética, e uma pluralidade de movimentos dentro do contexto grupal.

Outro âmbito de análise que reproduz, de certa forma, esse debate, mas que é igualmente útil para uma visualização do desenvolvimento das construções teóricas sobre o grupo (enquanto objeto de estudo) são as formulações apresentadas pelo espaço científico-acadêmico e aquelas oriundas do espaço ético-político.

No espaço científico-acadêmico surge como ponto central a oposição entre indivíduo e sociedade que atravessou a Psicologia, a Pedagogia e a Sociologia, gerando intermináveis polêmicas que se deram em torno de duas posições doutrinárias: a tese individualista e a tese da mentalidade de grupo.

A tese individualista afirma que os indivíduos constituem a única realidade acessível e que os processos psicológicos ocorrem apenas nesse âmbito; o grupo então seria uma abstração. Já as teses da mentalidade de grupo afirmam que, quando os seres humanos atuam e vivem em grupos, surgem forças e fenômenos que seguem suas próprias leis e que não podem ser descritos em termos das propriedades dos indivíduos.

A Sociologia de Durkheim se refere ao grupo como uma entidade mental, uma individualidade psíquica, uma nova índole e afirma o efeito da força social das instituições sobre os indivíduos formando uma mentalidade coletiva. Asch (1964), embora aponte para a falácia do que chamou a antropormorfização do grupo atribuindo-lhe uma direcionalidade, considera que foi o argumento possível na época contra as teses individualistas. Ou seja, o fato de se dar ao grupo uma personalidade, uma unidade de pensamento e sentimento, emergiu como uma reação ao centramento no estudo do indivíduo em si mesmo como forma de compreensão da natureza humana – a ideia seria partir para a formulação do indivíduo em relação, no grupo.

Essa antinomia indivíduo-sociedade funciona até hoje como um a priori conceitual em algumas abordagens, definindo o desenho que o pensador adota sobre os grupos. O conceito de indivíduo livre autônomo surge no iluminismo, com as ciências humanas, como também com o capitalismo nascente, onde sustenta as práticas de livre mercado e consumo.

Do outro lado, no século XIX, surgem as formulações marxistas e durkheimianas sobre o coletivo sobre a sociedade, e a ideia de grupo só vai aparecer no século XX. Esse paradigma é hoje bastante questionado como dicotômico e emergem formulações alternativas que buscam integrar essas dimensões. São proposições teóricas das Ciências Sociais, Psicologia Social e até Biologia, mas que são alvo de controvérsias muito grandes.

No que diz respeito ao espaço ético-político a antinomia indivíduo-sociedade tem uma inscrição a partir da controvérsia Locke-Rousseau, que é a base da discussão das democracias modernas e se traduz na polêmica sobre o que deverá ser priorizado: os interesses individuais ou os coletivos. Esses pressupostos encontram-se implícitos nas distintas teorizações sobre o grupal, muitas vezes invisíveis, mas determinando o enfoque dado. De um lado poderíamos imaginar os adeptos dos modelos socialistas e de outro os que acentuam a irracionalidade dos fenômenos de massa do coletivo e sua função de ameaçar a identidade individual.

Uma questão de grande interesse dos movimentos políticos ao longo da história tem sido responder à questão a respeito das condições que desenvolvem uma maior ou menor participação ou passividade do coletivo humano. É bastante atual o debate sobre as possibilidades de montagem de dispositivos grupais que gerem uma produção e gestão coletiva dos seus recursos versus dispositivos que levem à manipulação e indução das pessoas.

Esses dois espaços servem para que possamos melhor visualizar a inserção das principais abordagens que estruturaram o campo dos saberes e práticas grupais.

Os primeiros pensadores K. Lewin, Moreno e Pichon Rivière tinham como preocupação básica a mudança social. K. Lewin, por exemplo, se perguntava pelo nazismo: como foi possível obter a adesão do povo alemão aos objetivos do III Reich de dominação e destruição dos povos considerados inferiores? Os grupos foram então inicialmente pensados como instrumentos de realização de utopias sociais. Mesmo os psicanalistas partiram do estudo da possibilidade de ajuda aos combatentes ingleses na Segunda Guerra Mundial.

Sartre, cujas ideias influenciaram algumas formulações teóricas na área, ao trazer a reflexão do homem frente ao grupo e à história coletiva, buscou resposta às perguntas sobre como foi possível o stalinismo. Também podem ser incluídos os institucionalistas Loureau e Lapassade, que estudaram as condições de desenvolvimento de possibilidades de autogestão e da dialética instituído-instituinte, como também os aportes de Guatarri sobre grupo objeto e grupo sujeito.

Essas formulações abrem uma perspectiva de se considerar uma relação dialética entre estrutura e ação grupal, onde na dinâmica do poder instituído poderia ser questionado e, eventualmente, alterado por indivíduos articulados em grupos que colocariam em ação uma racionalidade própria e distinta. Esses seriam os grupos sujeitos, os grupos instituintes.

Todo esse debate nos leva à formulação da ideia dos grupos como um possível espaço de mediação entre o individual e o coletivo. René Kaes (1984) pergunta se o grupo é capaz de ajudar a pensar a categoria psicossocial e encontra proposições que definem a categoria de intermediário como um processo de redução de antagonismos, espaço de continuidade devido à existência de conflitos de forças; o intermediário associado à transformação e ao movimento; espaço estruturante e responsável pela passagem de uma estrutura a outra.

Kaes chama atenção que o mais importante é existir a pluralidade de perspectivas; é se evitar o reducionismo das disciplinas Psicologia e Sociologia que gere as dicotomias; que o grupo deveria permitir uma mediação de níveis heterônomos da realidade. Fernandez (1998) considera que só sustentando nos processos grupais a tensão entre singularidade e coletividade é que se pode pensar a dimensão subjetiva no atravessamento do desejo e da história.

Em síntese, a ideia é que se possa pensar o campo grupal como um campo de problemáticas, atravessado por múltiplas determinações, desejantes, históricas, institucionais, sociais, econômicas, o que geraria uma nova maneira de pensar o uno e o múltiplo e demandaria um aporte transdisciplinar, assim como critérios epistêmicos pluralistas.

O foco no grupo como espaço de aprendizagem e transformação é concebido de forma explícita pela Psicologia Social de Pichon Rivière e pela técnica dos grupos operativos, por se tratar de uma teoria que emerge comprometida com a transformação social no contexto histórico, das lutas nos movimentos sociais, especificamente na Argentina, com a proposta de enfrentamento das contradições e dos conflitos, visualizando relações sociais capazes de gerar condições de vida emancipadoras das faculdades do homem enquanto sujeito da sua história.

Por outro lado, pelo fato de ter sido gerada com base numa epistemologia convergente, agregando referenciais que vão desde a Psicanálise, com conceitos como o de mundo interno, tarefa implícita, transferência grupal; o Interacionismo simbólico de George Mead com conceitos como de expectativas recíprocas, mútua representação interna e o materialismo histórico de Marx, tendo no centro uma definição de homem como ser de necessidades que se satisfazem nas relações sociais que o determinam.

A Psicologia Social de Pichon permite, ainda, uma prática, uma vivência grupal através da técnica dos grupos operativos onde o integrante é capaz de confrontar os referenciais dados com sua experiência pessoal, sua historicidade, analisando os atravessamentos do contexto social, econômico e cultural sobre o grupo e construir um novo conhecimento num processo coletivo de aprendizagem, mudança pessoal e grupal. E finalmente por ser um modelo que integra as dimensões do indivíduo e do coletivo, tendo como mediação o âmbito grupal. Ao integrar as dimensões indivíduo-coletivo, integra também uno e múltiplo, o desejo e a história.

4. Conceito de grupo

Para que possamos nos entender desde o início, vamos convencionar que equipe e grupo têm o mesmo significado. Existem autores que diferenciam os dois conceitos. Para nós, o importante é diferenciar o grupo de uma série, de um bando. A série ocorre quando dividimos o mesmo espaço, temos um objetivo comum, mas não há comunicação entre as pessoas, não há uma articulação interpessoal, como é o caso da fila de ônibus, do cinema. Se as pessoas mudam ao nosso redor, em geral isso não faz muita diferença em relação à consecução do objetivo.

Os bandos são agrupamentos que fazem com que as pessoas se unam pela semelhança; não há espaço para o diferente, para o questionamento. As regras são rígidas e as pessoas que deixam de cumprir são excluídas. Como exemplo, podemos citar as *gangs* de rua, seitas religiosas, esportes radicais como os praticantes de *skates* que têm toda uma linguagem própria, roupas, características; não há papéis interdependentes, e as tarefas são realizadas individualmente.

A palavra grupo é de certa forma nova; provém do italiano *groppo* ou *gruppo* (termo técnico de belas-artes para designar várias pessoas pintadas ou esculpidas em uma obra de arte). Na matemática, apareceu para designar um "conjunto de elementos com uma determinada composição que satisfaz certas condições". As pessoas, individualmente, têm seus interesses, suas necessidades a serem satisfeitas (materiais ou não). É na relação com o outro, com o grupo que surge o espaço para gratificação ou frustração. É preciso encontrar o elo que une as pessoas na realização da sua tarefa em grupo.

Segundo Pichon Rivière, "Grupo é um conjunto restrito de pessoas que, ligadas por constantes de tempo, espaço, e que articuladas por sua mútua representação interna, se propõe a realizar de forma explícita e implícita uma tarefa, que constitui sua finalidade, interatuando através de complexos mecanismos de assunção e atribuição de papéis".

Afinal, o que define um grupo de trabalho? Num primeiro plano, poderíamos definir os elementos que definem um grupo da seguinte forma: uma tarefa a realizar, os vínculos interpessoais e os papéis exercidos. Esses são os articuladores de um grupo e são conceitos intercambiáveis. Os integrantes compartilham, também, tempo, espaço, objetivo comum. E, por falar de espaço, podemos considerar, também, o espaço virtual. Podemos, por exemplo, ser integrantes de um grupo que se comunica através de uma rede de computadores. Esse objetivo comum não é qualquer objetivo, é construído coletivamente, apropriado pelos integrantes, que se sentem envolvidos e motivados para a ação compartilhada e articulada.

5. Os fatores articuladores de um grupo

A Tarefa

A tarefa é o conjunto de ações destinadas à consecução de objetivos comuns. É a razão de ser do grupo, o motivo de as pessoas estarem juntas. Essa tarefa pode ser explícita – que é o resultado concreto que o grupo se propõe a atingir –, é objetiva e observável. A tarefa implícita são os medos e as ansiedades básicas do grupo no processamento da sua tarefa explícita, no enfrentamento das contradições. A realização da tarefa se constitui no projeto do grupo, que é a própria expressão da mudança.

O nível explícito é o motivo da constituição do grupo. Todo grupo deve ter um "por quê" e um "para quê", ou seja, uma clareza em relação à razão da sua existência do "estar junto". Muitas vezes passamos por momentos de questionamento onde algumas perguntas vêm à tona: – afinal, estamos fazendo tudo isso para que? – não sabemos exatamente onde queremos chegar... – há muita área cinzenta aqui... – isso aqui está uma verdadeira "caixa-preta" – isso faz parte da nossa área? – de onde vieram essas metas? Para onde vamos?, por que isso pertence a nós e não a outros? Pois é, são questões típicas de falta de uma melhor explicitação da tarefa e suficientes para criar insegurança nos grupos, inquietude nas pessoas, resistência à mudança.

A tarefa implícita se relaciona com os processos de comunicação no grupo, os processos de resistência à mudança, os conflitos, os mitos grupais, as agendas ocultas, os sentimentos, as ideias que não são compartilhadas. Frases típicas relacionadas com falta de explicitação nos grupos: – não sei por que, mas este trabalho não está rendendo! – por que estamos competindo tanto? – somos um grupo unido só para organizar festas! – há alguma coisa no ar – não sei o que é... – é impossível o consenso neste grupo... – em nossas reuniões se conversa de tudo e nada se resolve.

O nível implícito está relacionado com a existência das ansiedades a serviço da resistência à mudança do próprio grupo, de seus integrantes. A manutenção do *status quo*, evitando aprofundar os conflitos, abrir mão de hábitos, sujeitar-se às pressões, expor-se, encarar os problemas, perder a situação confortável de crítico, assumir o risco de engajar-se emocionalmente, são atitudes que reforçam o conteúdo implícito do grupo.

Apenas por uma questão didática, estamos separando a tarefa explícita da definição da tarefa implícita. As duas atuam juntas e estreitamente relacionadas. Uma afeta, interfere, determina, ajuda ou atrapalha a outra. Portanto, não é possível desenvolver grupos trabalhando essas dimensões isoladamente.

O Vínculo

Cada um de nós traz para o grupo histórias pessoais, personagens, "cenas", conhecimentos elaborados ou não. Enfim, nosso mundo interno, nossa verticalidade. O vínculo se dá, exatamente, a partir da relação que se estabelece entre as pessoas, pressupõe o entendimento do outro enquanto diferente, a existência de necessidades comuns e complementares, sendo atendidas reciprocamente através dos processos de comunicação e de aprendizagem. Trata-se de um tipo de relacionamento de natureza mais complexa do que um relacionamento interpessoal cotidiano.

Para haver vínculo é preciso o processo de descentramento; sairmos do nosso mundo, do nosso "pedestal narcísico" e caminhar em direção ao outro, podendo senti-lo e compreendê-lo na sua necessidade. Em outras palavras, ser capaz de empatia solidária, uma pessoa passa a ser significativa para a outra, num processo de troca, de cooperação, de mútua representação interna, e determinação recíproca. Quando eu me comunico com o outro, nessa perspectiva, nos afetamos mutuamente.

A existência de um vínculo frágil pode trazer algumas dificuldades para o desenvolvimento da tarefa. Algumas situações são reveladoras da necessidade de exame do processo vincular do grupo: individualismo; impaciência ou intolerância, desqualificação do outro, formação de subgrupos, competição acentuada.

Os Papéis

Num grupo as pessoas se organizam atribuindo papéis que incluem expectativas de comportamento ou de desempenho e também assumem papéis ou atendem às expectativas. Os papéis podem ser estabelecidos formalmente, através dos cargos, das funções, dos scripts, das posições instituídas ou, informalmente, quando emergem no acontecer do processo do grupo. Esses muitas vezes se dão num nível implícito. Nós assumimos e atribuímos papéis de acordo com nossa história de vida, nossas necessidades. O papel serve para satisfazer necessidades e expectativas individuais e do grupo.

A cada papel corresponde um papel complementar – o seu par –, um precisando do outro para funcionar: pai-filho; chefe-subordinado; marido-mulher. Todo papel tem uma função e denota uma posição. No interjogo desses papéis podemos encontrar situações do tipo: – aqui no grupo uns ficam com o "filé" e outros com os "ossos"; – aqui uns planejam, outros executam e outros controlam; – esperamos que o gerente aja de uma maneira e ele age de outra; não sei exatamente o que o coordenador espera de mim; – sou desse jeito mesmo, autoritário – e daí? – não aguento mais ser o porta-voz deste grupo; – não suporto mais carregar este grupo nas costas.

O que transforma um conjunto de pessoas num grupo de trabalho é ter um projeto comum, uma tarefa em marcha para alcançá-lo, através de vínculos constituídos com base em papéis cooperativos, operativos no sentido da efetividade grupal, definida a partir do exame das necessidades dos integrantes, identificando as necessidades comuns e complementares. Que seja um espaço para satisfação das necessidades individuais e encaminhamento das necessidades comuns; que o grupo se constitua numa unidade. Isso não quer dizer que todos pensem igual. A unidade não significa, em sentido dialético, exclusão dos opostos. Pichon Rivière ressalta que, quanto maior a heterogeneidade dos integrantes, maior a homogeneidade na tarefa.

No próximo capítulo iremos abordar a forma como vivemos esses papéis na dinâmica dos grupos.

2

Os Papéis no Grupo
▶▶▶▶▶▶▶▶▶▶▶▶▶▶▶▶▶▶▶▶▶

1. Os papéis que vivemos no grupo
2. Revendo a compreensão do papel de líder

1. Os papéis que vivemos no grupo

As nossas experiências em grupo e com grupos nos revelam a vivência de vários papéis; e são esses papéis que articulam as pessoas, sejam eles institucionalizados (atribuídos de forma explícita), assumidos por nós mesmos ou, simplesmente, exercidos de forma implícita, consciente ou inconscientemente. É o exercício formal e informal dos papéis. Todos nós transitamos por esses mundos quando estamos em grupo, em organizações, em sociedade.

Compreender o conceito de papel e como ele interfere no desenvolvimento da construção da tarefa coletiva deriva-se do fato de ser um conceito que articula a organização, o grupo e o indivíduo. É a forma através da qual as organizações organizam o seu fazer e controlam a ação coletiva para que permaneça no limite do que é esperado. Sem os papéis ficaríamos desnorteados, inseguros, incertos, indefinidos.

Os papeis são importantes porque unem dois polos: o mundo interno, a nossa individualidade, a essência da pessoa (o *self*) e o mundo externo: as determinações culturais, sociais e organizacionais. Para Pichon Rivière, na abordagem da psicologia social e nos grupos operativos, o papel é um instrumento de interação e de construção de vínculos e o definiu da seguinte maneira: "É um modelo organizado de conduta, relativo a certa posição do indivíduo na rede de interações, ligado a expectativas próprias e dos outros".

O conceito de papel vem do teatro e está conectado à noção de personagem, de máscara e tem origem no campo dramático do teatro grego. Cada máscara, no teatro grego, representava um personagem: a troca da máscara significava mudança do personagem.

Por outro lado, existia o apontador que ficava debaixo do palco, para completar os trechos do texto que o ator eventualmente pudesse esquecer. É daí que surge a ideia de papel como argumento prévio, um *script* a ser seguido, uma argumentação compartilhada, em que os papéis dos autores se conectam entre si. É de forma semelhante que experimentamos num grupo.

Quando estamos operando em grupo o papel surge de uma necessidade do mesmo para conseguir estruturar sua tarefa, seu fazer, atingir seus objetivos. Nesse sentido, ele é atribuído e precisa ser assumido pelo indivíduo para que possa existir, acontecer na prática. Essa é a natureza estática e dinâmica do exercício do papel.

Enquanto modelo estabelecido, pressupõe um conjunto de condutas estáveis esperadas. Podemos reparar nas descrições de cargos nas empresas, nas funções, atribuições e competências descritas em determinado estatuto, num código de ética e conduta estabelecido por uma organização e até num contrato que especifica as responsabilidades das partes. O papel estático e formalizado é atribuído aos seus respectivos "atores" que deve desempenhá-lo tal como dito e esperado.

Levando para um exemplo prático do papel estático e atribuído, espera-se dos representantes de um conselho fiscal de determinada instituição que examine contas, relatórios, balancetes, origem e aplicação de recursos e façam um parecer sobre a situação econômica, financeira, fiscal e a respectiva conduta ou desempenho da diretoria executiva nesse campo.

A outra faceta do papel é o seu aspecto dinâmico e criativo, porque somos diferentes uns dos outros. Imprimimos nossa marca, desempenhamos os papéis e representamos personagens com diferentes interpretações. Essas diferenças são decorrentes das histórias de vida e contextos pessoais e estão inseridos em determinado momento na relação do indivíduo com o grupo.

Quando essa forma de imprimir uma conotação própria chega a questionar o que está posto, ou seja, descordar do *script*, gera um movimento que Schvarstein chamou de *instituinte: o indivíduo procura colocar em ação a sua coerência interna acima da coerência do grupo e da organização à qual pertence*. Esse movimento pode levar a uma síntese e uma integração do individual com o grupal e organizacional, enriquecendo e avançando o processo, ou a uma ruptura desse individual com o grupo e com a instituição, empobrecendo e recuando o processo.

Existe uma inter-relação de mão dupla entre o papel e a pessoa. O papel imprime marcas na personalidade e os indivíduos também alteram as expectativas de papel instituído pelos grupos e instituições. Não é raro ouvir alguém falar que, ao entrar numa determinada organização, o papel que lhe deram para desempenhar era um e, com o tempo e o exercício, foi possível mudar o modelo que passou a servir de referência para os iniciantes.

A partir daí se coloca a questão da distância das pessoas em relação aos papéis. Existem pessoas que se identificam de tal forma com o que fazem que passam a ser aquilo que fazem. Por exemplo, um professor pode estar tão identificado com esse papel, que age como tal na família, com os amigos; está sempre querendo ensinar aos outros. Da mesma forma um militar, que estabelece uma disciplina de quartel na sua família, como é bem retratado no filme *A Noviça Rebelde*. A esse processo de uma superidentificação dá-se o nome de fusão, pois a pessoa não distingue muito o que lhe é próprio do que está sendo atribuído pelo papel.

Importante estabelecer uma dialética entre papel e personagem para que a nossa relação no mundo não seja alienante; pelo contrário, seja enriquecedora, construtiva e libertadora. Porque, se nos fixamos em um papel ou vivemos dentro de diversos papéis sem entrar em contato com a nossa individualidade, com a nossa essência, fica cada vez mais difícil saber quem somos. Segundo Jung, a verdade não está nos papéis nem em máscaras; entretanto, se as usamos elas fazem parte do nosso eu.

Exercemos vários papéis na nossa vida e com eles aprendemos e mudamos. Isso quer dizer que somos fruto da vivência de todos eles, ao mesmo tempo em que os influenciamos e mudamos o seu escopo, nos tornando agentes de mudança no nosso grupo e organização. Em alguns momentos vivemos o conflito de papéis. Percebemos isso quando atores em entrevista declaram que colocam um pouco de si no personagem que interpretam e aprendem também com os mesmos.

Alguns papéis têm um aspecto explícito e outro implícito, expectativas declaradas e outras não declaradas mas igualmente esperadas. Por exemplo, não está em nenhum manual organizacional que os gerentes devem ser leais à organização, assumindo em caso de conflito as posições da direção, e todos que assumem essa posição sabem que devem se comportar assim.

O grupo, a partir das suas necessidades da tarefa coletiva, atribui papéis que os indivíduos assumem ou não; portanto, isso implica numa escolha consciente ou não, a depender da sua história vincular e do contexto em que vive.

O grupo, para funcionar, precisa que as pessoas assumam papéis e que os mesmos sejam *complementares*, ou seja, haja uma contribuição que se some à do outro, para que haja cooperação. Muitas vezes o que se observa é uma *suplementariedade*; a contribuição de um integrante no lugar de completar substitui a do outro, anula, subtrai; o que é característico dos processos competitivos de natureza destrutiva.

A convivência equilibrada com os papéis pressupõe uma relação que evite não só uma distância excessiva, que gera indiferença, como também uma proximidade excessiva que gera "fusão", impossibilidade de exercer a identidade.

Já conversamos sobre os papéis instituídos que são mais comumente identificados com os cargos nas organizações. Mas existem aqueles papéis informais que surgem da dinâmica que o grupo escolhe para encaminhar a sua tarefa. Na observação que fazemos nos grupos é possível perceber as alternâncias desses papéis. Vamos explorar um pouco de cada um:

O porta-voz

Algumas vezes estamos num grupo e pedimos a palavra; ao expressarmos sentimentos, desejos, expectativas, frustrações, falamos como se fosse algo nosso mas, quase sempre, estamos falando consciente ou inconscientemente em nome do grupo. É isso mesmo – o integrante, em alguns momentos, não fala só por ele; fala pelo grupo como um todo ou parte dele e, normalmente, traz uma temática implícita, ou seja, algo que todos sentem, mas não explicitam por algum motivo.

Nesse momento, ele é o porta-voz, porque por suas características pessoais vive essa temática de forma mais forte e portanto tem uma necessidade mais intensa de explicitar. Por exemplo, o caso de um grupo de trabalho que vive a situação da excentricidade por parte do chefe. Todos se sentem constrangidos com essa prática, mas ninguém revela. Aparece então um integrante que viveu muitas situações em que foi preterido e, por conta disso, se envolveu em conflitos com o chefe, ou seja, alguém que estava vivendo essa questão de forma mais dramática e portanto sente uma necessidade mais forte de colocar-se. O porta-voz tem uma importante função de revelar o "não dito" do processo, das relações internas que estão obstaculizando a integração e o desenvolvimento da tarefa.

O líder

Percebemos um líder no grupo quando uma pessoa, usando o papel de porta-voz, consegue colocar as expectativas, sentimentos, emoções. Quando o porta-voz é aceito ele se torna um líder, que é o papel de alguém que orienta a ação, preocupando-se em igual dimensão com os resultados e com o clima interno do grupo determinado pelas relações; é ouvido e ouve as opiniões proporcionando um espaço para todos. Mais adiante nos ocuparemos especificamente desse papel.

O bode expiatório

Vez por outra alguém diz que foi ou está sendo o bode expiatório em uma determina situação. Isso pode acontecer quando o porta-voz não é reconhecido pelo grupo como tal, pois inda não é o momento mais adequado de revelar certos conteúdos, ou não há um grau de amadurecimento adequado de compreensão coletiva que permita assumir aquela questão como própria, ou seja, do grupo.

Muitas vezes o grupo comporta-se como se fizesse um conchavo contra algum procedimento novo de trabalho, que implica aprendizagem e superação da resistência ao novo. Se alguém traz essa percepção à tona pode acontecer que o grupo se volte contra o denunciador, identificando o problema como individual, negando-o como uma realidade coletiva. A pessoa que trouxe, ou que traz normalmente ques-

tões semelhantes torna-se o depositário dos problemas do grupo, podendo receber o rótulo de "problemático".

Quando atribuímos as dificuldades que estamos vivenciando no nosso grupo a um único integrante, ou seja, a constituição do papel de bode expiratório, isso pode tornar-se muito pesado para a pessoa que é colocada nesse papel, e também para o grupo que foge de reconhecer seus obstáculos. Uma forma de identificar é observar o processo de comunicação; se ele está direcionado para um integrante, e há um esforço de todos de convencê-lo do contrário da sua opinião, pode ser sintoma de um processo de escolha de um bode expiatório. A resolução se dá quando todos podem assumir a parte que lhe cabe do problema, coletivizando assim a carga e facilitando a compreensão da dificuldade.

O sabotador

É alguém que faz parte do nosso grupo que dificulta, atrapalha, emperra e atrasa o processo grupal. É o papel oposto ao do líder, é o responsável pela resistência à mudança, é aquele que durante a partida joga a bola fora, põe a perna para que o outro caia. Pode ser consciente ou não. O papel do grupo nesse caso é verificar os motivos. Pode ser enriquecedor descobrir os mecanismos de pressão coletiva e seus efeitos sobre um determinado integrante.

O impostor

Este é mais comum do que se imagina. Na nossa experiência com grupos, principalmente em organizações competitivas. A impostura é um tipo de sabotagem em que a verbalização e alguns comportamentos aparentam adesão e afinidade com o que está sendo proposto, mas um olhar mais demorado descobre atitudes de resistência e obstaculização. *É o caso de um integrante que elogia um projeto, divulga, mas nunca pode participar das reuniões ou sua parte fica sempre faltando, o que dificulta a conclusão. O exercício desse papel muitas vezes adota o perfeccionismo e o adiamento como estratégia de obstrução. Esse processo pode ou não ser consciente.*

À primeira vista poderíamos pensar em papéis certos e errados; entretanto, todos nós podemos eventualmente nos ver e aos outros nesses papéis. O importante é investigar a sua origem e funcionalidade em relação à tarefa.

Existem vários outros papéis informais comumente encontrados como, por exemplo, o "organizado" que cuida dos procedimentos e papéis; o "engraçado", que faz todos rirem a toda hora; o "inteligente", de quem muitos bebem as ideias e outros renegam; o "displicente", que está sempre esquecendo o horário das reuniões; o "calado" a quem o grupo está sempre pedindo que fale sem investigar os seus motivos.

Todos esses papéis podem ser exercidos por todos os integrantes de um grupo; o importante é não cristalizá-los, não olhar para as pessoas como se representassem uma única realidade. Quando os papéis se tornam fixos, a dinâmica do grupo empobrece ou paralisa. É importante criar condições para a flexibilização dos papéis, procurando dar espaço para que as pessoas coloquem seus sentimentos no momento em que estão sendo alvo de depositação, concentração de uma característica, que muitas vezes pertence a todos.

2. Revendo a compreensão do papel de líder

Aquele que sabe muito sobre os outros pode ser instruído, mas aquele que se compreende é mais inteligente; aquele que controla os outros pode ser mais forte, mas aquele que se domina é ainda mais poderoso. **(Lao-Tsé)**

A literatura administrativa é plena em termos de teorias sobre a liderança nas organizações e nas equipes de trabalho. Algumas postulam um estilo ideal de líder com um elenco de características que garantiriam o seu sucesso. Outras definem a liderança como situacional, sempre considerando dois eixos: o da preocupação em relação às pessoas confrontado com a preocupação em relação à tarefa. A construção de estilos de liderança foi outro aspecto bastante explorado, tais como o autoritário, o democrata, o laissez faire e o paternalista, que assumiram denominações diferentes a depender da teoria, em geral procurando conjugar a dimensão da preocupação com pessoas com a dimensão da preocupação com tarefas e resultados.

Essas teorias tiveram uma contribuição no sentido de mapear e de descrever o *status quo* do exercício da liderança, entretanto não contemplaram a compreensão contextual da existência do papel, isto é, não deixaram clara a conexão do líder com a dinâmica organizacional e grupal, como também com os outros papéis que se desenvolvem num grupo de trabalho, centrando-se nas características individuais, subtraindo a dimensão relacional. Na nossa vivência prática com o exercício da liderança as coisas não acontecem exatamente como as teorias de tipos de líderes enfatizam.

A consequência dessas teorias ou abordagens é que gerou um tratamento do líder de forma fragmentada; ele foi isolado de seu grupo e submetido a treinamentos especializados, cujos resultados se mostravam de pouca utilidade porque, ao retornar à equipe, o cotidiano do trabalho apresentava variáveis não contempladas no treinamento. Quantas vezes ouvimos comentários do tipo: ele voltou um verdadeiro líder depois do treinamento, mas só durou uma semana.

Por outro lado, essa separação do grupo transformou, de certa forma, coordenadores, chefes e gerentes em depositários do sucesso ou do fracasso organizacional.

Mais recentemente as organizações começaram a investir em desenvolvimento de grupos de trabalho, mas ainda falta um longo caminho, para uma compreensão do líder como um papel integrado e relacionado com outros papéis.

Muitos mitos se desenvolveram em função dessa forma recortada de perceber o fenômeno da liderança. O exame de alguns deles pode ajudar a construção de uma percepção que possa lançar luzes sobre o processo de formação e desenvolvimento de pessoas que exercem esse papel. O líder é o detentor do poder; abrir a participação pode significar um enfraquecimento.

O poder não se encontra depositado em uma pessoa; circula e, portanto, é relacional e depende da dinâmica do grupo, é móvel. Não é raro encontrarmos equipes que possuem um líder formal, mas quem influencia na direção da tarefa é outro integrante. Abrir a participação e o envolvimento das pessoas pode, ao contrário, significar um aumento de poder se o líder anteriormente centralizador é capaz de migrar para um papel de facilitação da produção grupal. Principalmente em situações onde o grupo precisa se unir para enfrentar as dificuldades na conexão com outras unidades organizacionais.

O compromisso emerge do exercício do poder solidário que permite às pessoas um grau de autonomia decorrente de um ambiente de trabalho flexível e que permite a participação sem prejuízo da coesão grupal. Sem compromisso a tarefa fica comprometida. Eis os mitos:

As equipes necessitam de um único indivíduo para liderá-las

Num grupo de trabalho, além do líder institucional, temos percebido que emergem outras lideranças que podem eventualmente assumir a condução da tarefa porque possuem mais informações ou melhor competência relacional ou estão mais motivadas. Isso depen-

derá do grau de abertura e estágio de desenvolvimento do grupo, assim como do paradigma organizacional de autonomia para as partes ou de reprodução do pensamento central.

A liderança forte assegura o sucesso

A efetividade da liderança não se dá, necessariamente, pela força, mas pela capacidade de articulação das pessoas levando em conta suas necessidades. A não ser em situações especiais de emergência ou crise, a liderança forte pode ser um grande obstáculo ao desenvolvimento da tarefa por gerar dependência, competição destrutiva e, em algumas situações, uma impostura dos liderados que temem dizer o que pensam chegando até à sabotagem dos objetivos.

Muitas vezes esse tipo de liderança consegue resultados visíveis por algum tempo com base na pressão e na ameaça mas, dificilmente, se sustentam no tempo sem ter um custo emocional alto para todos e um prejuízo para a tarefa. Além disso, as pessoas mudaram nesse fim de século e estão cada vez mais refratárias a serem comandadas e dirigidas, buscam uma expressão própria, um espaço para se desenvolver, uma autonomia, contextos que ofereçam uma melhor qualidade de vida.

A liderança não depende da estrutura e da dinâmica do grupo

O líder é um dos papéis existentes num grupo e se encontra em articulação com outros papéis numa relação de complementaridade. Só há autoritário se tem alguém que se submete. Há uma rede de conexões onde a atuação de um dos elementos determina e é determinada pelos outros elementos com os quais se encontram relacionada. Essa rede, assim como o perfil da liderança, pode mudar de configuração a depender do contexto organizacional. O comportamento de *um líder durante uma greve ou um processo de* downsizing *é diferente do que é adotado no cotidiano do trabalho.*

Sem liderança o grupo não funciona

Justamente pelo fato de o líder ser um papel em conexão com outros papéis, inclusive de outras lideranças, é que não só a liderança pode ser rotativa, como também inexistir como um papel instituído. A experiência dos grupos semiautônomos, na Inglaterra, Suécia e na Itália criados para substituir o trabalho individualizado e fragmentado, mostrou que é possível trabalhar sem a figura do chefe. O grupo pode funcionar com lideranças funcionais e rotativas ou com assessores de conhecimento numa dinâmica de compartilhamento de saber e poder.

Retomando nossas formulações sobre o que determina a constituição de um grupo de trabalho, vemos que em primeiro lugar é fundamental que as pessoas estejam articuladas com a tarefa, que esta faça sentido, que atenda em alguma dimensão a sua necessidade.

Em seguida a dimensão dos vínculos, da necessidade de incorporação, de aceitação do outro nas suas diferenças e necessidades, da comunicação explicitadora dos anseios, dificuldades e fantasias; da abertura para assumir limites e possibilidades próprios e dos outros e estabelecer um clima de aprendizagem permanente.

Em terceiro lugar o exercício dos papéis, a necessidade de que estejam claros e que possam se desenvolver no sentido de uma complementaridade, de um processo cooperativo e que possam ser rotativos.

Essas definições colocam luzes sobre a emergência e desenvolvimento do papel do líder, no sentido das demandas que podem ser geradas quando um conjunto de pessoas quer se constituir com um grupo de trabalho. Essas demandas são passíveis de serem atendidas por todos os integrantes em forma, tempo e intensidades diferentes à medida que o grupo vai caminhando e amadurecendo no seu processo de integração.

O líder pode ser aquele integrante que mais cedo concentra potencial de atendimento a essas demandas e é legitimado pelos outros integrantes nesse papel. Poderíamos resumir essas demandas da seguinte maneira:

Visualização das necessidades coletivas articulando-as com as individuais

Um grupo só se constitui se as pessoas se sentem pertencentes, e o sentimento de pertença vem do sentido que tem a tarefa para elas e o espaço que lhes é dado para contribuir.

Processo de comunicação que permita a explicitação das agendas ocultas e clareamento de necessidades.

O processo humano inclui, a todo momento, fantasias, expectativas, pressupostos, muitas vezes não revelados, que, se não são decifrados, se constituem em obstáculos à tarefa e ao desenvolvimento dos vínculos.

Exercício da "distância ótima" que permite um envolvimento emocional adequado com os conflitos e dificuldades do grupo

A separação das questões emocionais pessoais das questões que emergem como temas do grupo é fundamental, pois no processo de entender o que está acontecendo podemos tomar o problema do grupo como pessoal e vice-versa. Trata-se de um processo complexo que requer um tempo necessário para que o equilíbrio entre essas duas dimensões possa ser estabelecido.

Partejamento da decisão, ou seja, o exercício de facilitação da criatividade do grupo para a formação da decisão, que difere da tomada de decisão

Esse é o difícil exercício de promover a participação autêntica, que gera criatividade e compromisso e não a pseudoparticipação, aquela em que se reúne as pessoas, há um debate, mas a decisão já está tomada.

Rotatividade e flexibilidade no desempenho dos papéis no sentido de estabelecimento da cooperação

Muitas vezes a própria organização da tarefa dificulta, mas em geral o maior obstáculo é mesmo o medo da perda de um status, do conhecido, que pode ser superado.

Permissão para que aflorem os conflitos e o tratamento dialético dos mesmos procurando dentro do possível a integração dos opostos

O conflito representa para muitos grupos o temido, o imponderável; portanto, o que deve ser evitado. Entretanto é o que faz emergir a dinâmica essencial do grupo, suas linhas de força, seus pontos de tensão. Importante superar o medo do enfrentamento do conflito, buscar integrar as partes, as posições, estabelecendo um deciframento dialético no cotidiano.

A facilitação do processo de desenvolvimento pessoal e das lideranças

Isso pressupõe o desenvolvimento de um novo paradigma que é busca do desempenho do grupo e não de alguns indivíduos privilegiados, muito embora a distribuição de recursos de desenvolvimento seja diferenciada a depender do estágio de cada um. Isso implica substituir a dinâmica competitiva e seletiva pela dinâmica cooperativa, so-

lidária e integradora das capacidades pessoais existentes no grupo. É a busca do brilho da constelação e não das estrelas, muito embora as estrelas façam parte, mas é a ideia de que todos têm um brilho.

Concluindo, parece haver uma estreita relação entre o líder operativo, que promove mudanças em direção aos objetivos baseados em necessidades comuns e complementares, e um grupo operativo. O que coloca a figura do líder como um emergente, um porta-voz, que em alguns momentos é figura de comando, em outros é fundo, facilitando os processos do grupo a partir das demandas do contexto em que está inserida e dos seus integrantes. É como preconiza a filosofia zapatista – "mandar obedecendo".

3

As Relações: Eu, o Outro e o Grupo
▶▶▶▶▶▶▶▶▶▶▶▶▶▶▶▶▶▶▶▶

1. A construção dos vínculos
2. A comunicação humana: uma integração de abordagens

1. A construção dos vínculos

Tem sido muito comum ao se abordar as organizações e os grupos a preocupação em desvendar o mistério das relações humanas. Entretanto um equívoco frequentemente encontrado em muitas tentativas de análise é separar essa dimensão das outras. Leonardo Schvarstein define o modelo de identidade organizacional, através da relação dos seus propósitos com as capacitações e relações existentes numa relação triangular de mútua determinação. Nos grupos, já vimos anteriormente que o vínculo é um dos articuladores em conexão com a tarefa e os papéis. Colocaremos nosso foco na questão vincular para melhor definir e oferecer uma concepção mais detalhada desse conceito, que transcende ao de relacionamento interpessoal, usado na literatura.

O conceito de vínculo é uma contribuição da Psicologia Social de Pichon Rivière, que definiu como *uma estrutura complexa que inclui a interação entre sujeitos, que possuem necessidades reciprocamente significativas, através de mecanismos de comunicação e aprendizagem.* É uma relação complexa porque é mais exigente no sentido de que tem em perspectiva a aprendizagem mútua, o processo de crescimento e emancipação humana. Para que as necessidades se tornem reciprocamente significativas as pessoas terão diante de si o desafio de processar e aceitar dimensões das diferenças numa progressão dialética, enfrentando as tensões e contradições que a realidade impõe.

Nas organizações os grupos são formados sem, necessariamente, haver uma escolha prévia por parte das pessoas e este fato já coloca em xeque o processo de construção do vínculo para o desenvolvimento da tarefa.

No contexto atual de hegemonia do modelo neoliberal de gestão, o mais provável é o estabelecimento de vínculos de natureza competitiva e destrutiva, caracterizando um padrão de funcionamento – competir como tarefa, à qual as pessoas terminam por aderir na tentativa de preservação do emprego. Outra possibilidade são os grupos onde as pessoas encontram-se conectadas por relações de conveniências pessoais ou amizade, que termina por comprometer a tarefa coletiva.

Como então um grupo pode desenvolver uma tarefa e se vincular de uma maneira que contemple pessoas e resultados, num ambiente respeitador da individualidade e que ao mesmo tempo engendre a cooperação? Um primeiro mito a ser examinado é o de que é preciso que exista amor em todas as relações para que possam trabalhar juntos. A distribuição do afeto humano é naturalmente desigual; depoimentos de mães que tiveram vários filhos mostram que é difícil ter uma distribuição equitativa. Entretanto o respeito à capacidade de contribuição do outro é algo que pode ser desenvolvido e generalizado no ambiente do trabalho. A grande dificuldade reside na convivência com outra pessoa que não comunga das mesmas ideias, não tem os mesmos valores, se comporta de forma percebida, muitas vezes, como estranha.

Quando nos identificamos de uma maneira muito intensa com o outro, corremos o risco de que se torne um processo massivo, ou seja, haja uma fusão de personalidades onde alguém perde a sua identidade e passa a assumir a do outro; não há distância, o que gera confusão e baixa condição de ajuda. Por outro lado, quando ficamos distantes, exercemos excessivamente nossos limites, perdemos o outro de perspectiva por um centramento excessivo em nossas necessidades.

O processo de ajuda se dá quando somos capazes de nos *descentrar* e entender o outro em sua necessidade, em sua singularidade, quando conseguimos exercitar a "distância ótima" nem muito perto onde a percepção se torna turva, nem muito longe onde perdemos de vista o objeto de conhecimento. O processo vincular se dá quando somos capazes de nos diferenciar, no sentido de explicitar as nossas necessidades e assim preservar a nossa identidade, ao mesmo tempo em que exercitamos o *descentramento* e somos capazes de entender o outro na sua necessidade, na sua diferença. Nesse momento se dá o que George Mead denominou de "mútua representação interna" onde o outro passa a ter um registro no meu psiquismo, no meu mundo interno e vice-versa, e passamos a ser reciprocamente significativos.

A dificuldade de estabelecimento de um processo vincular dessa natureza reside no fato de que nós temos um sentimento de continuidade, de algo que se mantém, que nos dá o sentido de ser a mesma pessoa apesar das mudanças, que é a nossa identidade. É isso que gera o equilíbrio psicológico por nos permitir controle e previsibilidade sobre nosso destino.

O nosso mundo psíquico ou mundo interno é constituído a partir de nossas experiências vinculares na família, escola, trabalho e lazer, são cenas, personagens, imagens onde o indivíduo está em relação com outros, desenvolvendo tarefas, pensando e sentindo. Construindo a partir daí uma imagem de si mesmo e dos outros. Quando nossas referências de mundo estão sendo questionadas e novas estão por se incorporar, se produz um sentimento de insegurança em nossas relações, um sentimento de vazio, de incerteza, pois é vivido como um questionamento à nossa identidade, às nossas crenças, percepções da realidade.

Segundo Hugo Bleishman muitas vezes essas crenças se transformam em posses narcísicas, o que nos leva a uma obsessão de confirmação e rejeição do resto, portanto a uma segurança ilusória. O autocentramento como forma de perceber o mundo implica ocupar o lugar de "ego ideal do saber". Normalmente saber e poder têm uma relação de determinação recíproca, portanto quem tem o saber tem o poder. Sendo assim, abrir mão de minha crença é ocupar o lugar de quem se equivocou; como "ego ideal de saber" por definição não se equivoca, nem precisa aprender com o outro, torna-se muito difícil ouvir o ponto de vista desse outro.

Nos grupos tememos perder nossa posição, nosso espaço, o que é natural, porque é o que nos dá a possibilidade de nos sentirmos incluídos. Entretanto, é necessário atentar para os momentos em que estamos envolvidos em lutas simbólicas com o objetivo de aumentar esses espaços em detrimento do outro, porque essa estratégia gera um clima de tensão e dificulta a articulação grupal.

Na medida em que é possível inserir uma nova situação, de aceitar uma nova pessoa, existe a possibilidade de rearranjar cenas e personagens do passado, inserir novos diálogos, o que gera novas articulações entre esses personagens, com novos papéis e novas emoções. Isto significa que os vínculos construídos internamente são passíveis de transformação a partir de experiências com o mundo externo, e há um movimento dialético de mudanças recíprocas, o que possibilita a cooperação.

Nosso mundo interno é um sistema aberto trazendo a possibilidade de refazer, ressignificar, isto é, dar um novo sentido às experiências passadas, reinterpretá-las, voltar com novos olhos. Nem sempre é um processo fácil ou tranquilo porque implica desarrumar o que está organizado de certa maneira e incluir novos fatos e emoções. Esses novos olhos e essa desarrumação são normalmente atribuídos à intervenção do outro, que muitas vezes encaramos como o nosso "inferno", no sentido sartriano, porque impede que vejamos aquilo que a nossa fantasia nos permite ver, constituindo-se em ameaça a nossa integridade.

Temos o hábito de realizar uma autoavaliação condescendente, vemos aquilo que queremos, o que nos convém e uma heteroavaliação rigorosa. Em outros casos somos muito rigorosos e desqualificamos a nossa forma de pensar e ser no mundo, gerando um sentimento de baixa autoestima. Da mesma maneira procedemos com o outro, fazemos um recorte, só enxergamos uma faceta da sua personalidade, aquela mais aparente, que facilmente se conecta com algum preconceito social (por exemplo: homem que usa brinco é homossexual, se usa tatuagem não é sério, se usa palitó é "enquadrado" etc.) – ou que mobiliza alguma experiência nossa do passado. Em outras situações idealizamos o outro e só percebemos aspectos positivos, bebemos suas palavras e encontramos uma explicação para todos os seus comportamentos.

À medida que vamos percebendo esse processo, através de avanços e recuos, vamos nos despindo das imagens iniciais construídas com base em nossas necessidades, receios e dificuldades, vamos conseguindo progressivamente integrar diferenças no grupo. O que era visto como ameaça passa a ser complementar; ou em outros casos desenvolvemos a tolerância em relação a aspectos do outro, porque passamos a compreender o significado, e também porque queremos reciprocidade, sermos aceitos em nossa singularidade. As imagens idealizadas vão se tornando mais reais, vão construindo uma percepção integral das pessoas, enquanto portadoras de aspectos positivos e negativos.

As leis internas de um grupo só são compreendidas quando são vivenciadas. O grupo é uma estrutura não acabada que vai sendo construída a cada instante pelos seus integrantes, que vivenciarão fases de estruturação, desestruturação e reestruturação. Normalmente o observador externo tem dificuldade de compreender um determinado fenômeno grupal, porque não tem informações do contexto e do processo, o qual muitas vezes avalia como excessivamente lento ou apressado. Cada integrante de um grupo possui uma história, um estilo de pensamento, sentimento e ação que interatuam numa complexa rede de relações, onde se afetam mutuamente e têm possibilidade de transformação.

Transformar, criar, implica em problematizar limites, medos, o que pode significar uma conquista de novos territórios, um processo de crescimento que pode ser potencializado se é compartilhado, se inclui o outro. O processo criador nos grupos está relacionado com a sua capacidade de operar contemplando a heterogeneidade de ideias, as individualidades, conectando-as com a tarefa, o que pode levar a um aprendizado que muitas vezes supera as expectativas existentes no início da experiência.

> Robinson Crusoé, na ilha da esperança, antes da chegada do sexta-feira diz o seguinte: "Minha solidão ataca mais do que a inteligibilidade das coisas; cada vez tenho mais dúvidas sobre a veracidade de meus sentidos. Sei agora que gostaria que outros pés diferentes dos meus pisassem a terra para que pudesse ter certeza que não treme".

E aqui surge uma espécie de oração ou de grito que diz: "Contra a ilusão de ótica, o espelhismo, o sonhar de olhos abertos, o fantasma, a perturbação do ouvir, o baluarte mais seguro é nosso amigo ou nosso inimigo, alguém".

2. A comunicação humana: uma integração de abordagens

A importância da temática da comunicação decorre da constatação de que os homens precisam dar sentido à realidade que os cerca, e para isso precisam cada vez mais se apropriar da complexidade que é a comunicação humana. Para alguém desprovido do olhar, da audição e da fala o mundo, a princípio, nada significa; é através da linguagem da expressão em todas as suas formas que vai se construindo esse mesmo mundo. Assim sendo, toda situação percebida como incompreensível é vivida com muita ansiedade e permeada de distorções.

O processo de comunicação tem implicações para a saúde do ser humano no sentido de que a ausência de alguma modalidade, a fala, a escuta ou o toque, por exemplo, empobrece os indivíduos, paralisa o crescimento interno, porque rompe o processo natural de aprendizagem, de ajuste de ideias, percepções e sentimentos. Impossibilita o confronto da fantasia com a realidade externa, por consequência a adaptação ativa à realidade.

Muito tem se falado e escrito sobre comunicação no trabalho, na família, no relacionamento cotidiano em geral, mas pouco avanço tem se conseguido em termos de resolução, superação dos ruídos, das distorções, dos impactos negativos decorrentes para a atividade humana. É comum ouvir nas organizações em dificuldades que "o problema é a comunicação" dos empregados, dos patrões, de Recursos Humanos; enfim, todos sofrem "desse mal". Nas equipes de trabalho, se torna de fundamental importância, até porque o número de participantes mais restrito exerce uma pressão maior pela proximidade das pessoas, definida pelos papéis no cotidiano do trabalho. A adequação do processo comunicacional aos propósitos dos grupos tem uma forte influência no exame dos obstáculos e consecução das tarefas.

A teoria da comunicação vem utilizando um modelo de explicação que pouca luz traz hoje sobre esse complexo fenômeno humano que implica na compreensão do processo de comunicação em termos da existência de um emissor, de um receptor e de uma mensagem, apenas descrevendo a estrutura do que ocorre, mas não oferecendo os elementos necessários para que a sua dinâmica possa ser compreendida na sua plenitude.

Em geral define-se comunicação como transmissão de informação, mas trata-se de uma correspondência entre duas pessoas, de fazer o outro partícipe daquilo que alguém tem algo a comunicar, ou seja, envolve antes da verbalização o efeito das posições de poder dos agentes e, a partir daí, uma relação que se estabelece em decorrência das necessidades e interesses. Dessa forma, o processo da comunicação, ao contrário do que muitos pensam, não implica apenas no processo de interação, mas na compreensão da dinâmica de poder envolvida, das posições sociais historicamente construídas, dos capitais simbólicos adquiridos pelas pessoas em interação. Por isso a necessidade de conhecer os agentes, "de que lugar" eles falam.

No senso comum, comunicar é sinônimo de concordar, aceitar. Entretanto há comunicação na discordância e até no silêncio. Sendo assim comunicação é pôr em comunhão ideias, sentimentos, fantasias, desejos. É tornar comum, encontrar um código comum, que difere de concordar. Outra confusão que é feita é entre discordância e distorção. A primeira ocorre diante de diferentes lógicas de análise de um determinado tema, diferentes referenciais, enquanto que a segunda diz respeito a uma confusão semântica, onde as palavras usadas possuem diferentes significados para os interlocutores. Tanto as discordâncias quanto as distorções podem ser causadas pelo grau de ameaça percebido na mensagem, pelo nível de tensão e ansiedade do contexto, como também pela existência dos "terceiros" no processo da comunicação.

Rivière considera que toda relação é bicorporal e tripessoal, ou seja, que existem dois corpos e três pessoas, o *terceiro* podendo ser um personagem imaginário ou um fato, um desejo da nossa história que se atualiza no aqui e agora da relação obstaculizando o processo de comunicação. O nosso processo de relacionamento é povoado de fantasias em relação ao outro e às situações com as quais nos envolvemos no dia a dia. Fantasiamos que não somos aceitos pelos outros, que seremos reconhecidos se falamos o que pensamos, que o outro está sempre pronto para dar um golpe, que todos vão lembrar do nosso aniversário etc. Essas fantasias ocorrem a todo o momento e precisamos estar atentos, porque elas podem obstruir a comunicação e o processo de vinculação.

Muitas vezes somos intolerantes com alguém, porque a sua forma de falar nos remete a um antigo chefe, com o qual não tivemos uma boa relação no passado. Nesse momento estamos nos relacionando com esse chefe e não com a pessoa concreta que está em nossa frente. A esse processo se dá o nome de transferência. Em outros momentos, temos uma expectativa de comportamento em relação ao outro que não revelamos, entretanto esperamos que se comporte desse jeito e, se não ocorre, ficamos frustrados e irritados. Essa expectativa é algo que dificulta o entendimento. Os nossos preconceitos e cristalizações de imagem também podem se constituir em terceiros. Imaginem se convocamos um consultor para nos auxiliar em nossas dificuldades de relacionamento no grupo e ficamos sabendo que o mesmo acabou de se separar da sua mulher. Se isso se constitui numa incoerência a partir dos nossos valores, é possível que, ao conversarmos com o consultor sobre o problema, avaliemos o mesmo como incapaz para a tarefa.

Em outra situação podemos nos deparar com alguém "rotulado" como de difícil relacionamento, e nos recusamos a entrevistá-lo para um possível aproveitamento em nosso grupo de trabalho.

Todos esses processos fazem com que as mensagens emitidas não sejam necessariamente as recebidas, ou seja, caracterizam os famosos ruídos da comunicação. O processo é semelhante ao fato de estarmos nos comunicando ao telefone, quando entra outra pessoa na conversa no meio entre duas outras pessoas e se estabelece uma dificuldade ou impossibilidade de ouvir o outro.

Outro aspecto a considerar é quando confundimos conteúdo com relação e com isso nos envolvemos em conflitos, onde fica difícil entender como tudo começou. Em muitas discussões, estamos de acordo com o conteúdo, mas não com a relação, ou seja, quem está observando identifica que as pessoas estão falando a mesma coisa, entretanto há uma "rixa" pessoal que gera uma falta de disponibilidade interna para ouvir o outro. Se alguém diz "vamos jantar no Restaurante da Escola" pode ser entendido como uma sugestão ou imposição; neste último caso, se a resposta é uma crítica e uma rejeição muito forte, provavelmente essa pessoa está respondendo à relação e não ao conteúdo. Nesse caso o estímulo não corresponde à reação.

Os conflitos mais complexos e de difícil resolução ocorrem quando as pessoas discutem uma temática, entram em desacordo, mas o que está por trás não é o conteúdo em si, mas sim alguma mágoa anterior, algum conflito ou desentendimento ou mesmo um padrão competitivo já estabelecido na relação.

Uma das questões mais importantes relacionadas com a confusão entre conteúdo e relação é a forma como lidamos com as diferenças. Temos uma sensação, mesmo que muitas vezes a razão diga o oposto, de que, quando alguém tem ideias ou sentimentos diferentes dos meus, significa um desafeto. Acordo e afeto se tornam sinônimos e o desacordo é visto como rejeição, falta de carinho, agressão.

A partir dessa perspectiva torna-se difícil trabalhar ou estar junto de uma pessoa considerada diferente que, se, ao contrário, superadas as diferenças, fosse incluído, poderia enriquecer e ampliar a visão do mundo.

Em algumas relações amorosas o que atrai são exatamente as diferenças, que, se não são adequadamente incorporadas, se transformam no motivo de ruptura da relação mais tarde com a convivência e um conhecimento mais profundo. Assim, o homem introvertido que escolheu aquela mulher sociável, alegre, extrovertida, de repente passa a se sentir incomodado com tanta abertura e aquilo que inicialmente o atraiu começa a ser objeto de concessão. O exercício de lidar com o diferente é algo que acompanha toda a nossa existência e, à medida que vamos desenvolvendo uma maior capacidade de tolerância e abrindo a possibilidade de aprender com o outro, nosso universo vai se ampliando, nossa visão se torna mais flexível e as possibilidades de relação com os outros se tornam mais diversificadas.

Outra confusão que é feita é entre a presença ou a ausência da comunicação clara ou confusa. Paul Watzlavick considera que toda conduta tem um valor de mensagem para o outro, que atribui um significado, e a partir daí está constituída uma comunicação, que poderá ser bem ou mal interpretada, mas a mensagem existe. O que podemos questionar é a fidelidade da comunicação, a coerência entre a intencionalidade de quem emite a mensagem e a forma como é recebida.

Por exemplo, as mensagens confusas em geral caracterizam-se por serem incompletas, como por exemplo: "é necessário conscientizar...." – quem, em relação a que?; ou mensagens vagas, impessoais: "tem gente que também concorda mas não fala" – quem concorda e não fala?; ou ainda pedidos que podem tomar a forma de queixas: "eu arrumo os papéis achando que vou ter cooperação e ela não percebe" – o pedido seria: "eu arrumei os papéis, você pode arrumar as pastas?"; mensagens contraditórias, quando alguém diz estar bastante interessado na fala do outro e não para de examinar um relatório que está na sua frente.

É muito comum na clínica psicológica de casais a queixa de que não se comunicam, e na realidade não é que não se comuniquem, a questão é o que entendem da comunicação do outro, e normalmente entendem uma mensagem repetida que diz: "não me importa o que se passa com você ...não me interessa o que você diz, ... tenho coisas mais importantes para me preocupar". Quando se fala de ausência de comunicação, muitas vezes está se falando de ausência de importância e espaço para o outro.

A partir dessa perspectiva, o silêncio, o olhar para baixo, é tão eloquente quanto uma fala verborrágica, prolixa. Quando vemos uma pessoa de cabeça baixa, olhando para o chão, o corpo encolhido, podemos entender sua mensagem da seguinte forma: "não me incomodem, quero ficar só". Todos nós temos vivido a experiência de andar no elevador e olhar para o chão ou para o teto, ou seja, de evitar olhar para o outro. Goffman descreve esse comportamento como ritual de desatenção civil. Ele diz que aprendemos na nossa vida cotidiana, que condutas devemos exibir quando queremos dizer ao outro que não queremos entrar em contato com ele. Que fazemos? Evitamos o olhar, damos de costa, olhamos os pés, descobrimos os pés nessa situação! Não sabemos exatamente como aprendemos, mas todos nós exercitamos e é em geral bastante efetivo.

Uma situação onde comumente ocorrem esses comportamentos é o início de um grupo de aprendizagem ou de trabalho; nunca o teto, as unhas ou os pés foram tão interessantes. O medo do desconhecido, a incerteza em relação ao processo, o receio de não ser aceito, levam a essas reações pela dificuldade de identificar o que ocorre ou de explicitar conteúdos verbalmente.

Essa aprendizagem se origina na família e na escola onde de certa maneira incorporamos que dizer "não" diretamente pode ser entendido como "falta de educação", que devemos utilizar de estratégias indiretas, falas acessórias para que o outro perceba que não queremos alguma coisa. Esse processo pode chegar até o ponto de desenvolver um sintoma, por exemplo, alguém que esteja vivendo um conflito percebido como muito ameaçador pode, de repente, ficar afônico, para não falar e ser socialmente aceito, pois a doença é inquestionável. Durante muito tempo se tratou a comunicação como verbal, mas os gestos, a voz, a postura, o corpo falam e muitas vezes revelam mais do que a expressão verbal.

Na relação professor/aluno, ocorrem muitas mensagens não verbais que falam e comunicam o grau de entendimento e motivação. Por exemplo, o cenho franzido pode representar que alguma ideia pareceu estranha, pode sinalizar que é hora do intervalo, a conversa paralela pode significar desqualificação do professor ou timidez, falta de coragem para colocar para todos e assim por diante.

Marta Manigot classifica a linguagem em analógica e digital. A linguagem digital está relacionada com as palavras e a analógica com os gestos, com as expressões do rosto, com a postura corporal, com o ritmo, com a voz. É analógico porque tem analogia, é um signo, um símbolo que possui um significado praticamente universal. Se fizermos um gesto com as mãos que indica altura pode ser entendido em várias culturas como tal. Na linguagem digital a relação é convencional, se convenciona que a palavra cadeira significa o objeto que serve para sentar, mas a palavra muda de acordo com a língua.

Comunicar então requer uma atenção ao ser humano integral nas suas dimensões verbais e não verbais, implica num olhar e escuta comprometida, numa atitude de respeito ao direito do outro se expressar e contribuir para o deciframento dos temas de interesse humano, mesmo que a forma de enxergar a realidade possa parecer a mais estranha possível e, como lembrava Jean Genet, "É preciso ter simpatia pelo estranho".

4

O Poder nos Grupos
▶▶▶▶▶▶▶▶▶▶▶▶▶▶▶▶▶▶▶▶

1. Poder e saber no âmbito dos grupos
2. Transcendendo o medo da "autoridade"
3. O conceito de autonomia

1. Poder e saber no âmbito dos grupos

O cotidiano dos grupos que se articulam em torno de uma tarefa é caracterizado por um desafio permanente de confronto de percepções do real, identificação de ruídos na comunicação, resolução de conflitos e contradições. A compreensão desses fenômenos tem passado pela utilização de referenciais que se centram no processo de interação social e da comunicação interpessoal e, como tal, parecem em alguns casos não serem suficientes para dar conta da complexidade dos fenômenos em questão, do acontecer grupal, principalmente no momento em que vivemos crises simultâneas nos valores e praticas sociais, que se atualizam fortemente no âmbito dos pequenos grupos.

A ideia aqui é agregar outras dimensões, que possam auxiliar a desvendar o processo da comunicação e do conflito grupal que possam trazer algumas luzes e ampliar as perspectivas de visão, até então instaladas e solidificadas nos referenciais de análise e intervenção mais frequentemente usados pelos especialistas da área.

As pessoas se inserem nos grupos a partir da sua história vincular, influenciadas por um determinado contexto e se posicionam a partir de um conhecimento de um saber adquirido e acumulado na vida, que é expresso a partir da linguagem, ou oculto através do silêncio, que também é uma forma de linguagem.

Na visão de Foucault há uma inter-relação entre poder e saber; os dois âmbitos estariam diretamente implicados, ou seja, não há relação de poder sem a constituição correlata de um campo de saber, e nem saber que não suponha e não constitua ao mesmo tempo relações de poder. Para o autor, não se trata de uma propriedade que alguns têm e outros não, mas estratégias que se exercem na relação são: "disposições, manobras, táticas, funcionamentos. Não é um privilégio das classes dominantes, mas o efeito do conjunto de suas posições estratégicas". Sendo assim "o poder não tem essência, ele é operatório, não é atributo, mas relação".

Pierre Bourdieu traz uma importante contribuição ao desenvolver o conceito de poder simbólico, que permite enxergar como saber e poder se articulam e se estabelecem através do processo da comunicação e das lutas sociais. Inicialmente ele introduz o conceito de sistemas simbólicos que seriam a religião, a ciência, a arte e a linguagem, como produtos sociais e que também produzem o mundo, ou seja, que não apenas refletem as realidades sociais mas também as constituem. A partir daí, segundo Bourdieu, poderíamos modificar o mundo transformando a representação da realidade e nossa visão de mundo.

Ao nascermos numa determinada cultura aceitamos regras, postulados, crenças, sem a necessidade de serem "inculcados", o que fundamenta a teoria da dominação. De todas as formas de persuasão clandestina a mais implacável é aquela exercida simplesmente pela "ordem das coisas"; o famoso "as coisas são assim mesmo" (Bourdieu, 1989).

A partir dessa percepção é que é operada uma relação íntima entre o sentido das coisas e o poder, a lógica de um organiza o pensamento do outro. A lógica do poder enuncia as condições para que a relação de forças se torne uma relação de sentido. O fenômeno da globalização, por exemplo, quando surgiu, era percebido como algo inexorável, como um fenômeno universal, que está dado, inquestionável e que só resta aos seres humanos se enquadrar; havia uma naturalidade acrítica e não a reflexão de que era uma estratégia de alguns poucos países e grupos empresariais dominantes para fazer frente a uma crise de produtividade e acumulação do capital. Essa percepção de que a globalização faz sentido é, digamos, o sintoma da existência de uma poderosa relação de dominação que se tornou hegemônica. É nesse momento que as relações de força objetivas de coerção e opressão explícitas se transformam em poder simbólico. Seria um tipo de poder invisível, quase mágico, que permite obter o equivalente daquilo que é obtido pela força física ou econômica, se manifesta no espaço social (sistema simbólico), na forma irreconhecível de relações de sentido. É um poder em que aquele que está sujeito dá àquele que o exerce um crédito, deposita a sua confiança. É o poder de fazer coisas através de palavras (Bourdieu, 1989).

Para o autor, "a destruição deste poder de imposição simbólico radicado no desconhecimento supõe a tomada de consciência do arbitrário, quer dizer, a revelação da verdade objetiva e o aniquilamento da crença: é na medida em que o discurso heterodoxo destrói as falsas evidências da ortodoxia, restauração fictícia da crença, e lhe neutraliza o poder de desmobilização, que ele encerra um poder simbólico de mobilização e de subversão, poder de tornar atual o poder potencial das classes dominadas" (Bourdieu, 1989, pág. 15).

Além do capital propriamente econômico, existem outros capitais como o cultural (diploma escolar) e o capital social (competência científica). Para Bourdieu o poder simbólico enquanto forma irreconhecível, transfigurada e legitimada de outras formas de poder, implica também na transmutação de todos os capitais em capitais simbólicos. Cada pessoa acumularia então ao longo da sua vida diversos tipos de capitais que, ao serem exercidos na relação, na interação social, definiriam posições de capitais simbólicos diferentes, portanto, de poderes simbólicos de diferentes intensidades.

Complementando o raciocínio, Bourdieu traz que a transubstanciação das relações de força em poder simbólico faz ignorar a violência que elas encerram objetivamente, que se constitui por sua vez em violência simbólica, que seria exercida sobre um agente social com a sua cumplicidade.

Nesse contexto as relações de comunicação seriam sempre relações de poder, que dependem na forma e no conteúdo do poder material ou simbólico acumulado pelos agentes ou pelas instituições envolvidas nessas relações e que podem permitir acumular poder simbólico.

O processo de comunicação se dá de forma intensa nos pequenos grupos que possibilitam a expressão da individualidade e a atualização de percepções sobre o contexto coletivo mais amplo. Poderíamos dizer que os pequenos grupos exercem uma forte pressão para o estabelecimento da comunicação. Dessa maneira poderíamos pensar no processo grupal como uma permanente interação de capitais simbólicos; portanto de poderes simbólicos que vão se configurando através do processo de interação, tendo como instrumentos a palavra, o corpo e eventualmente objetos, para se inserir e conquistar uma posição.

Uma primeira questão a observar é a dificuldade de as pessoas perceberem a relatividade da sua contribuição em função do recorte que fazem da realidade e da posição que ocupam no grupo, assim como o significado e influência da mensagem que emite para o outro. Torna-se importante então desenvolver uma consciência crítica dessa posição que cada um ocupa pelo saber que possui, pelas conexões que estabelece com quem tem um poder simbólico instituído ou com quem já desenvolveu um maior capital simbólico dentro e fora do grupo.

É possível ter um mapeamento das relações de força exercidas pelas pessoas, as eventuais alianças e subgrupos existentes e iniciar o desvendamento dos conflitos existentes. Importante também entender que essas relações não estão dadas, não são estáveis; são móveis, estruturam, desestruturam e reestruturam.

A segunda questão é perceber que, ao ocupar uma posição que implica num determinado poder simbólico e tendo a comunicação como instrumento, esta não é neutra e pode se transformar em instrumento de violência simbólica. É muito comum, por exemplo, nas lutas simbólicas grupais, a emergência de brincadeiras aparentemente inofensivas, mas que possuem efeito de desqualificação do saber do outro, reduzindo o espaço do integrante alvo da brincadeira, portanto do seu poder de influência no grupo.

Outra forma de violência simbólica é não deixar que o outro emita sua opinião, como também se recusar a falar por considerar as falas do momento sem sentido ou importância. Muitas vezes a omissão da fala no grupo é compensada por falas fora dele, que têm como efeito manter e desenvolver o poder de influência sobre o seu processo, de outra forma, de outro lugar.

Existem momentos no grupo caracterizados por conflitos redundantes, ou por muita agressividade, ironia circulante ou ainda por silêncios do tipo "paz de cemitério", ou seja, conteúdos existem para serem comunicados e são ocultados, obstaculizando o movimento grupal. Normalmente nesses casos pode-se pensar numa situação onde poderes simbólicos semelhantes se recusam mutuamente a ceder espaço um para o outro, gerando paralisia no processo de aprendizagem, devido à dinâmica estabelecida de "todos ameaçam todos", ninguém assume o seu espaço e ninguém cede espaço.

Por outro lado, a terceira questão traz de volta Michel Foucault (1979), que considera falsa a ideia de que o poder é sempre negativo, que impõe limite, que castiga; ele acha que o poder é também positividade, eficácia produtiva, riqueza estratégica.

Diz ele: "Se o poder fosse somente repressivo, se não fizesse outra coisa a não ser dizer não, você acredita que seria obedecido?".

A partir dessa ideia o processo grupal de lutas e conflitos também pode ser visto como algo positivo que gera um movimento, que tira as pessoas da ambiguidade levando-as a se posicionarem e regularem sua contribuição individual com a do grupo, perceberem o impacto da sua fala e vivenciarem o impacto da fala do outro sobre si mesmo. Se adequadamente conduzido possibilita a vivência da dialética do centramento e descentramento a serviço da construção coletiva do conhecimento.

Considerando que as lutas não trazem uma negatividade em si mesma, se entendemos que podem gerar vida e crescimento, seria fundamental, para desenvolver essa dimensão, que pudéssemos apreender criticamente o fenômeno em que nos achamos envolvidos, o que pressupõe uma morte do ego narcísico e uma quebra do senso comum, para possibilitar outra representação do real, onde posso legitimar a fala e o sentimento do outro por mais estranho que pareça, ao tempo em que busco o meu espaço, a minha inserção. Em outras palavras seria visualizar a luta do outro como uma busca de um "lugar ao sol", que pode ser tão legítima quanto a minha. E ainda que, se muitas vezes consideramos uma violência o que o outro nos faz, levantarmos a hipótese de também não estarmos sendo vistos por esse outro como violentos, principalmente na dimensão que aqui discutimos, da violência simbólica.

Se não queremos repetir o senso comum das relações de poder pautado na dinâmica dominador/dominado, se acreditamos que relações igualitárias e emancipadoras podem ser construídas entre as pessoas numa convivência respeitadora das individualidades, precisamos entender que isso implicará em que todos se sintam contemplados, em que eu não precise negar o saber do outro para legitimar o meu, ou negar o meu próprio saber em detrimento do outro; implicará em viver e deixar viver, no desenvolvimento de um poder solidário.

2. Transcendendo o medo da "autoridade"

Em função das crenças arraigadas, e dos poderes simbólicos cristalizados é comum que ocorra o desenvolvimento de medo e ansiedade frente a figuras de autoridade, o que leva a atitudes de omissão ou obediência passiva, estabelecendo um padrão de relacionamento de dominador e dominado.

Aprendemos a lidar com as figuras de autoridade, através das relações que estabelecemos com as figuras parentais, amigos, colegas de trabalho, professores e chefes. O tipo de relação estabelecida fica gravado na nossa matriz de aprendizagem, modelo mental de perceber o mundo. Adquirimos a crença de que é importante obedecer os mais velhos, obedecer quem tem mais poder econômico, obedecer quem tem o saber, obedecer quem é mais forte fisicamente, obedecer a hierarquia, obedecer os pais. E, na maioria das vezes, sem questionar, sem refletir. Aprendemos, também, a evitar o conflito, a ceder diante do confronto, a conter emoções e sentimentos.

Esse aspecto acrescido ao fato de que quando nos comportamos de acordo com as expectativas das pessoas, do grupo social, aumenta a probabilidade de sermos aceitos, premiados, reconhecidos, aprovados e, se não atendemos a essas mesmas expectativas, correremos o risco de sermos rejeitados, punidos, reprovados, excluídos, formam as condições de origem do medo. Quando obedecemos aos nossos pais somos amados e, quando não, desprezados; quando atuamos em consonância com as expectativas dos chefes aumentamos nossas chances de promoção, a garantia do emprego e, quando não, somos preteridos ou ameaçados. Quando atendemos aos amigos somos aceitos e, quando não, rejeitados; quando reproduzimos exatamente as ideias dos professores somos aprovados e, quando não, reprovados.

É a partir desse processo que cristalizamos nossos comportamentos, estereotipamos nossas relações, a despeito de que nada que façamos pode garantir a sobrevivência, a aceitação ou a gratificação.

O processo de desaprender e reaprender, assimilar novos comportamentos e reconstruir nossa matriz de dependência do outro se inicia quando construímos uma percepção crítica da dinâmica na qual estamos inseridos, uma vez que entendemos que o mesmo não atende as nossas necessidades de inserção social enquanto seres humanos e aí nos sentimos insatisfeitos, incomodados, desafiados, ameaçados e não mais gratificados.

Nesse momento, muitas estratégias de resolução do conflito interior que emerge dessa consciência podem surgir. Uma delas é depositar a culpa no outro, rotulando de autoritário ou no sistema. Outra estratégia é a negação ou minimização dos efeitos e, por último, a depressão permeada de sentimentos de incapacidade e inferioridade. Porém a estratégia emancipadora é questionar as matrizes de aprendizagem de tal forma a transformar a percepção de si mesmo e a relação com outro.

A mudança passa, muitas vezes, por abrir mão da nossa zona de conforto. Sair de uma pseudogratificação, que vem em nome de uma falsa segurança, de uma frágil aceitação e um pobre reconhecimento social, para ser gratificado por fatores que elevem o moral e a autoestima. É sair do papel de ator, objeto do processo, e passar, também, para o papel de autor, sujeito e produtor.

Pôr em questão os símbolos de autoridade que percebemos como dificultadores do processo de crescimento pessoal e grupal significa construir uma relação mais igualitária por reconhecer e legitimar o próprio saber e a possibilidade de influenciar na mudança das estruturas sociais.

3. O conceito de autonomia

Morin (1996), refletindo sobre a noção de sujeito e sobre o conceito de autonomia, afirma a necessidade de iniciar a sua definição no plano biológico e, para isso, apoia-se em Heinz Von Ferster (1968), que havia assinalado a existência de um paradoxo implícito a essa concepção. Segundo Ferster, autonomia implica em auto-organização, que necessita estar permanentemente sendo construída e reconstruída e para isso precisa de energia. Em virtude do princípio da termodinâmica, é necessário que esse sistema extraia energia do exterior, isto é, para ser autônomo, é necessário depender do mundo externo. Essa dependência não é só energética, é também informativa, pois o ser vivo extrai informação do mundo exterior para organizar o seu comportamento.

Na dimensão psicosocial da interação, da relação com a alteridade, Larrosa e Lara (1998) argumentam que estamos obrigados à relação com a alteridade se queremos estar vivos, se desejamos ser sujeitos de um processo. O Eu é parte do Outro; assim, a liberdade não pode ser exercida solitariamente: "Não há possibilidade de construção do Eu sem respeito ao não do Outro, que é dialeticamente outro e por sua vez, um eu, e não há possibilidade de construção de um Eu sem responsabilizar-se (respondere: responder diante de) por aqueles que foram excluídos. Não é uma defesa nem um ataque, mas uma aprendizagem longa, comum e solidária" (LARROSA; LARA, 1998, p.166).

Pichon Rivière traz a necessidade de compreender a diferença do vínculo maduro, do vínculo saudável com outros tipos de vínculos psíquicos entre o indivíduo e o grupo, ou entre o indivíduo e a instituição. Para o autor, existem três tipos de vínculo: o vínculo de dependência ou não diferenciação, que é um vínculo simbiótico, onde não existe diferença entre o indivíduo e a instituição. Há um processo de fusão, de idealização; não é possível distinguir o Eu do Outro; é como se fosse uma coisa só: sem diferença e com a consequente perda de uma visão crítica sobre a realidade. Em outras palavras, o indivíduo desenvolve um processo de identificação total com a instituição, com o grupo ou com outra pessoa, de tal forma que termina por anular a sua individualidade, s suas necessidades e desejos. O que passa a ser fundamental são as necessidades e desejos do outro, o que coloca o admirador no papel de objeto, de submisso na relação e não de sujeito, comandante do seu destino.

O outro tipo de vínculo é o da independência, que é o vínculo narcísico, onde o Eu está acima do Outro, partindo do pressuposto do autoabastecimento, da inexistência da necessidade de compartilhamento, chegando à atitude da indiferença, que também, não permite uma percepção crítica da realidade, devido ao processo de alheamento da mesma.

Finalmente, o vínculo interdependente, onde o Eu e o Outro são instâncias diferenciadas, mas intercambiantes no sentido de que as necessidades são reciprocamente significativas, e as relações estão baseadas em mecanismos de comunicação e aprendizagem mútua. Em função dessa estrutura, caracteriza-se como um vínculo cooperativo em relação à tarefa coletiva, um vínculo e um poder solidário. É esse tipo de vínculo que permite desenvolver a autonomia, o ser sujeito no processo, onde é possível, ao mesmo tempo, preservar a individualidade e articular-se coletivamente em torno das necessidades comuns e complementares. Em síntese, uma autonomia que só é possível existir, na medida em que constrói a coesão do grupo e da instituição.

Mészáros (1981) ressalta que não é qualquer processo de autonomia que pode igualar-se à diferenciação, mas só, na medida em que a mesma for concebida como uma reciprocidade social. Segundo o autor, "ser diferente por ser diferente nada vale; o conteúdo real da diferença que importa é aquele que pode ser integrado socialmente, contribuindo com isso para o enriquecimento e o desenvolvimento positivo do indivíduo social". Na sua ótica, a autonomia envolve necessariamente o outro: a autonomia humanamente significativa, na qual as pessoas envolvidas "adaptam-se mutuamente às condições de intercâmbio e ao mesmo tempo conservam o poder da iniciativa" (MÉSZÁROS, 1981, p. 240). Chama atenção para a diferença entre esse tipo de autonomia e a autonomia individual, a qual definida nesses termos, enquanto slogan psicológico, faz parte do processo de alienação.

Para Mészáros, a essência da natureza humana não é o egoísmo e sim a socialidade; isto é, o conjunto das relações sociais. O homem só pode existir nas relações mútuas entre os indivíduos; não isolado. O homem não é uma ilha. Só pode existir nas relações mútuas dos indivíduos. Como corolário, a realização adequada da natureza humana não pode ser a concorrência – essa condição inconsciente da humanidade, que corresponde ao egoísmo, mas associação consciente. Baseia-se em Marx, que descreve o homem como um ser universal e, portanto, livre, e o poder que permite ser esse ser é derivado da socialidade. Isso significa que há uma conexão direta entre liberdade, como universalidade do homem e a socialidade.

De acordo com Marx, a essência humana da natureza só começa a existir para o homem social; sendo assim, a verdadeira individualidade não pode ser compreendida se nos abstrairmos da socialidade. Nem mesmo se a forma de individualidade, que temos em mente, é a atividade científica ou mesmo artística, criativa.

Marx ressalta que todo ser natural tem sua natureza fora de si mesmo. O sol é o objeto da planta – um objeto indispensável a ela, confirmando sua vida –, tal como a planta é objeto do sol, do poder essencial objetivo do sol. Para ele, um ser que não tem a sua natureza fora de si mesmo não é um ser natural e não desempenha qualquer papel no sistema da natureza. Um ser que não tem objeto fora de si mesmo não é um ser objetivo, não está relacionado objetivamente. Um ser não objetivo é um não-ser.

Mészáros explica que um ser, um homem não alienado, apresenta as seguintes fases: O homem é um ser natural; como ser natural, tem necessidades naturais e poderes naturais para a sua satisfação. É um ser que vive em sociedade e produz as condições necessárias à sua existência, de uma forma inerentemente social. Como ser social produtivo, ele adquire novas necessidades (criadas através da associação social) e novos poderes para sua satisfação. Como ser social produtivo, ele transforma o mundo à sua volta, de uma maneira específica, deixando nele a sua marca; tudo passa a ser, pelo menos potencialmente, parte das relações humanas (a natureza, nessas relações, surge sob uma grande variedade de formas, indo de elementos materiais de utilidade a objetos de hipótese científica e de prazer estético). Estabelecendo uma base natural para as suas próprias condições de vida, na forma de instituições socioeconômicas e seus produtos, o homem se reproduz praticamente, lançando, com isso, bases para contemplar-se num mundo que ele mesmo criou. Por meio de seus novos poderes, que são, tal como suas novas necessidades, criados através da associação e da interação social, e com base nessa reprodução prática, ele também reproduz-se a si mesmo intelectualmente.

A sociedade é a segunda natureza do homem, no sentido de que, as necessidades naturais, originais, são transformadas por ela e, ao mesmo tempo, integradas numa rede muito mais ampla de necessidades, que são, no conjunto, o produto do homem socialmente ativo.

Portanto, abstrair-se desse aspecto no culto do eu em oposição ao homem social equivale ao culto de um eu alienado e supersimplificado, porque o verdadeiro eu do ser humano é um eu social, cuja natureza está fora de si mesmo, isto é, define-se em termos de relações interpessoais, sociais, imensamente complexas e específicas. Mesmo as potencialidades do indivíduo só podem ser definidas em termos de relações de que ele é apenas uma parte.

5

Mudança e Transformação nos Grupos
▶▶▶▶▶▶▶▶▶▶▶▶▶▶▶▶▶▶▶▶

1. O grupo e suas contradições: o movimento dialético nos grupos
2. Os mitos do grupo
3. Resistência a mudança e transformação
4. Relação institucional – o diagnóstico transformado em destino. Onde quebra o paradigma?
5. Impactos frente à transição para a mudança
6. A mudança na relação com o âmbito institucional e organizacional

1. O grupo e suas contradições: o movimento dialético nos grupos

A vivência com grupos nos indica que o processo grupal não é linear como muitas vezes gostaríamos que fosse ou nossas fantasias indicam que será. É permeado de contradições, de avanços e recuos, mas também de pequenos passos quantitativos que em um dado momento se transformam em aprendizagem significativa. Para isso, é necessário compreender o processo vivido e desenvolver novas atitudes que possam facilitar o enfrentamento do novo.

A compreensão que precisamos ter do fenômeno grupal enquanto um movimento dialético requer um entendimento das leis fundamentais da dialética, quais sejam:

Lei da unidade e luta dos contrários

É a base da dialética, explica a fonte interna responsável pelo desenvolvimento do objeto. Todo objeto consta de partes ou elementos mais simples que o definem. Essas partes estão articuladas entre si; porém, há uma particularidade: elas também se excluem e por isso recebem a denominação de contrários. A existência de uma pretende negar a existência da outra; entretanto, a existência de uma supõe necessariamente a existência da outra.

Os elementos contraditórios se opõem e se necessitam. A existência de um parece anular a do outro mas, por sua vez, pressupõe a própria existência. A relação é de luta e complementaridade. Por exemplo, o capitalismo na revolução industrial trouxe no seu bojo a sua própria oposição que é o sindicalismo, um movimento que faz parte ao mesmo tempo em que o questiona.

A unidade dos contrários tem um caráter qualitativo que vai se transformando. Temos os mesmos objetos, os mesmos pares contraditórios, porém articulados em cada momento por diferentes tipos de relações (exemplo: sujeito-grupo – nas distintas fases de integração de um grupo: estranheza, idealização e diferenciação).

A luta dos contrários não cessa nunca, e chega a determinados estágios de resolução que geram novas instâncias de luta, um equilíbrio dinâmico. Essa luta é que vai determinar a mudança qualitativa.

É importante diferenciar o processo de resolução da contradição ou mudança qualitativa com a troca dos polos contraditórios, ou seja, a simples troca dos polos contraditórios: o dominador passa a ser o dominado e vice-versa.

O desenvolvimento dos contrários se dá da seguinte maneira: o fenômeno possui aspectos comuns e diferentes, a separação progressiva desses aspectos acentua a diferença interna que se torna cada vez mais essencial, se transformando em oposição aos polos, que pode crescer e ser aguçada. Entretanto o processo de aprofundamento da contradição, de conhecimento dos desacordos é fundamental para a sua resolução.

Frequentemente é valorizada nos grupos de trabalho a competição e nos grupos de aprendizagem a cooperação. Mas se buscamos cooperação sem desenvolver as divergências, sem deixar aflorar os conflitos, geramos uma pseudocooperação.

São três as etapas do movimento dialético: formação, desenvolvimento e solução da contradição. Os polos não se desenvolvem igualmente, num momento predomina um ou outro, e é a partir desse movimento que se chega à síntese ou resolução do conflito que é uma entidade nova, de nível superior, que contém elementos dos polos contraditórios. Seu significado é de superação das fases anteriores. A síntese é uma ponte construída integrando o que há de importante, que ainda atende à necessidade atual do velho, com o novo, dando continuidade à espiral dialética. Quando se aproveita a parte que não mais atenda às necessidades em questão, há uma regressão.

A síntese emerge do processo particular de cada grupo e não da visão idealizada que os indivíduos possam ter. Não corresponde a uma imagem construída externamente do resultado ou da integração que um grupo deveria alcançar. Por outro lado, toda síntese contém o germe da nova contradição.

Quando não conseguimos decodificar a realidade dialeticamente ocorrem os seguintes fenômenos:

Separação, dicotomia dos opostos. Cria-se um dilema, "é ou não é", certo ou errado, ser ou não ser, um impasse impossível de ser resolvido. Os contos de fadas refletem essa dinâmica na figura da "bruxa má" e da "fada boa".

Negação ou tendência a colocar panos quentes, a abafar o conflito. Isso ocorre porque não visualizamos a contradição e impedimos a emergência dos contrários. A ideia é preservar a unidade. Por exemplo, a repressão de ideias em regimes totalitários.

Conciliação forçada. A contradição já está um pouco avançada e partimos para a conciliação, (empatar o jogo antes de começar) gerando o acordismo. Frequentemente ocorre em discussões sobre produtividade e humanização; contempla-se um pouco de cada uma, conciliando a questão. Há um reconhecimento das diferenças, mas elas são minimizadas e a contradição, congelada. Entretanto a contradição continua seu processo terminando em dilema pela falta de acompanhamento.

Quando as contradições tomam a forma de dilema, é negada a complementaridade dos opostos e reconhecida a necessidade da luta, da competição pela razão. Esse processo provoca o enfrentamento de pessoas e subgrupos, porque cada um vê seu polo da contradição como totalidade e portanto o outro polo como ameaça. Cada polo busca a derrota do outro para não ser derrotado, dinâmica que absorve toda a energia do grupo, esteriliza a produção grupal, paralisa a tarefa, bloqueia a aprendizagem do "Pensar".

Aprender a pensar é transformar o pensamento dilemático no pensamento dialético que se ajusta mais à realidade que é, em si, contraditória, reduzindo assim a ambiguidade no âmbito do grupo.

O pensamento dilemático se instala como um obstáculo à aprendizagem e criatividade paralisando o processo de transformação da realidade, que é o que define a operatividade de um grupo. O grupo operativo trabalha no sentido de corrigir a visão distorcida da realidade.

A visão distorcida da realidade ocorre quando há uma fragmentação do objeto de conhecimento em diversas partes impossibilitando a integração, a visão do todo. Há também uma dissociação e desconexão desse objeto em relação a outros presentes nesse campo. Como consequência, se produz internamente a fragmentação do vínculo e do eu. A tarefa de um grupo operativo, criativo, é integrar o objeto de conhecimento interno com o externo, através da transformação do conflito dilemático que não permite uma resolução em problemático que abre a possibilidade da resolução e da integração. No conflito dilemático as relações internas entre os polos contraditórios não são visíveis pois estão dissociados. No conflito onde é possível a problematização, pois problema se resolve e dilema gera impasse; a resolução vem da visualização das ligações entre os aspectos contraditórios.

O processo de integração da realidade, de síntese, se dá, em primeiro lugar, pela compreensão da necessidade do conflito, dos obstáculos à aprendizagem, em segundo lugar procurando aprofundar e desenvolver as partes contraditórias do conflito para em seguida construir a integração, a síntese dialética.

O grupo não é um Processo congelado, uma fotografia, é um fenômeno em constante mutação num movimento que inclui estruturação, desestruturação, reestruturação, que imprime o desenvolvimento. O motor propulsor desse movimento é exatamente a luta de contrários. A situação grupal contém múltiplos pares contraditórios, sujeito-grupo, velho-novo, projeto-resistência à mudança etc. Essas são as contradições fundamentais que ocorrem em qualquer processo grupal; existem várias outras, mas que se remetem a essas, que são universais. Essas contradições vão chegando a diferentes níveis de resolução, mas nunca se resolvem de todo, é algo incessante.

O papel do facilitador de processos grupais é desenvolver uma compreensão psicológica do ser humano e da construção coletiva nos grupos, que implica no desenvolvimento da atitude de tolerância, que é a capacidade de tolerar o caos, a confusão, de "esperar" até encontrar algo significativo, de não se precipitar em dar logo uma explicação, de identificar estereótipos e preconceitos. Esta espera é importante para evitar o juízo prévio, "aquele que não nos dá o tempo necessário para nos IMPREGNARMOS COM OS FATOS, mas que rapidamente fecha os sentidos com uma resposta"; evitar também uma explicação pontual ou intelectual que não termina senão explicando aquilo que já sabíamos antes de observar.

Esta postura tolerante se aproxima ao que o poeta Rainer M. Rilke (*Cartas a um Jovem Poeta*) sugere para um jovem aspirante: *"Não busque por enquanto as respostas que não lhe podem ser dadas, porque não as poderia viver. Pois trata-se precisamente de vi-*

ver tudo. Viva por enquanto as perguntas. Talvez depois, aos poucos, ...consiga viver a resposta".

Este "não suportar" ocorre quando percebemos mais as respostas que as perguntas, mais as certezas que a interrogação, porque ACALMA; porque ATENUA A ANSIEDADE; quando buscamos mais uma resposta que uma pergunta, uma resposta que feche e não uma interrogação que abra.

Outras atitudes podem ajudar e são complementares, como a atitude de receptividade diante dos fatos, estar disponível, "deixar que as coisas nos surpreendam". Buscar compreender as surpresas e a capacidade de postergação ou abstinência face ao desejo de responder, de intervir. Trata-se da capacidade de colocar-se no lugar do "não saber" para poder compreender o significado do comportamento das pessoas no grupo. É o que se chama "estrutura de demora", o tempo necessário ao processamento da aprendizagem.

A capacidade de investigar, fazer perguntas (pesquisar, sondar, penetrar) é fundamental pois possibilita integrar as partes do fenômeno, identificar o sentido do movimento grupal e controlar a indução através da antecipação da resposta. Permite também evitar os perigos da generalização e a fascinação pelo particular, pelo específico, pelo mais simples.

Finalmente, a capacidade de operar com os contrários, ou seja, de apropriação do método dialético enquanto um modo de pensar, um método filosófico. Pensar o grupo dialeticamente significa observar o grupo enquanto uma unidade cujas forças internas não são necessariamente harmônicas, mas contraditórias. O grupo é uma abstração, às vezes pensado como uma pessoa, como se tivesse uma personalidade, ou como uma coisa única, quando os processos são múltiplos e adquirem formas diferentes com o passar do tempo.

O grupo avança no sentido da sua aprendizagem, na medida em que consegue progressivamente enfrentar suas contradições e resolvê-las dialeticamente, ou seja, identificando os polos contraditórios e buscando aproveitá-los numa síntese que traga um novo olhar, uma nova perspectiva de atuação, de construção coletiva em direção aos seus objetivos pautados nas necessidades individuais articuladas em comuns e complementares. Isso implica na atitude psicológica de crítica frente à realidade, de colocar-se em questão, e de aceitação do outro, do diferente, pois o semelhante aproxima, integra, une, mas é o diferente que completa.

2. Os mitos do grupo

Falar em transformação é examinar, antes de mais nada, a percepção que temos da realidade. A nossa forma de ver, de decifrar o que acontece pode ser permeada de mitos, que podem reger a vida de um grupo, tornando-se fundamental a compreensão e o seu deciframento.

Os mitos são crenças compartilhadas entre os integrantes de um grupo, é uma representação que une, articula, integra. Esses mitos atuam como se fossem verdades, livres de questionamento e promovem rituais de manutenção, constituindo-se como focos de resistência à mudança, contém regras ocultas de relações. O mito serve para dar estabilidade, mas torna-se um problema quando, através dele, as pessoas se relacionam de forma estereotipada para evitar ou postergar mudanças.

Nos trabalhos em grupos é possível perceber que se passa por três fases no processo vincular de constituir-se como tal, que são: Eu não sou você; Eu sou você; Eu sou como você.

É importante sabermos identificar em que fase o grupo se encontra; que possamos compreender os comportamentos manifestos e velados e intervir no processo para melhorar o fazer do grupo.

Eu não sou você

Inicia-se a interação e a dialética grupal.

- Defesa do individualismo, com visível agressividade entre os integrantes.
- Confronto com o objetivo grupal coloca em xeque a tarefa.
- Pessoas centradas ou mais preocupadas em atender suas necessidades individuais.

Quando o grupo se encontra pela primeira vez, ou até mesmo algumas vezes depois de constituir-se, o que podemos chamar de momento pré-grupal, ele é visto como ameaça e é mobilizador de ansiedades. Há o medo da aglutinação, ou seja: as pessoas resistem a constituir uma outra unidade; exposição ao novo e desconhecido; ausência de normas preestabelecidas que regulem o grupo.

Há defesa frente à ameaça de integrar-se ao desconhecido, seja com relação aos integrantes quanto ao que pode vir da produção do grupo. E o mito como resistência à mudança, como mantenedor da superficialidade nas relações, e que se aprende no grupo por osmose.

Vejamos algumas frases típicas dessa fase:

- *"Nunca vamos chegar a um consenso porque cada um é um".*
- *"Eu não sou você, nem pretendo ser".*
- *"Eu sou genial e posso enriquecer o grupo com o que sou e produzo".*

Vive-se o mito do autoabastecimento, ou seja, cada integrante faz parte do grupo individualmente, e acha que se basta, que não precisa do grupo, do outro. Reside aí a verticalidade, o individualismo, a hostilidade, os monólogos paralelos, alto nível de competição, papéis suplementares. Sabota-se tudo que pode unir o grupo, medo de perder a identidade, medo de ser igual. Não é possível lidar com a contradição sujeito-grupo. Essa contradição é básica, é dialética, é preciso ser superada. É quando um técnico de futebol, descrente da sua tática contra o adversário e com dificuldades de articular o grupo, aposta nos talentos individuais como solução para o problema.

Eu sou você

- Negação da primeira afirmação, superando a individualidade.
- A contradição Sujeito-Grupo é superada pela contradição grupo-coordenador.
- O autoabastecimento é substituído pelo grupo que se abastece.
- Despersonalização = mecanismo de defesa, ou seja, não há o eu e sim o grupo.

O grupo teme os confrontos, se expressa cuidadosamente temendo as discussões, as discordâncias; *o diferente não é tolerado no grupo.*

- Há renúncia ao narcisismo, à individuação.
- As diferenças individuais são abolidas, descartadas, negadas.

Todos somos iguais

É o mito da uniformidade – onde todos são iguais, as diferenças são abolidas, total horizontalidade. Reside aí o temor ao conflito, há uma concordância com todos, receio de magoar e ser magoado, medo da exclusão, medo do diferente, do oposto. Também não se consegue lidar com a contradição sujeito-grupo que é tão natural nos processos grupais.

Tanto o mito do autoabastecimento como o mito da uniformidade não produzem mudança porque o que está instituído não é para ser mudado. Mudar significa desestruturar o grupo. Essa desestruturação pode trazer, para o caso da uniformidade, angústia, brigas, exposição, ruptura; no caso do autoabastecimento, ter que abrir mão de hábitos, de ideias, ceder, reconhecer o outro como complementar, de estabelecer vínculos.

Eu sou como você

- Perda da distância e da fantasia.
- Vínculos discriminados, ou melhor, estamos juntos mas guardamos nossas histórias pessoais.
- Relação concreta e mais estável (distância ótima).
- Conserva a identidade individual e cria a identidade grupal.

É a fase de integração do grupo e justamente a síntese dialética dos outros dois mitos. Nessa fase a diferença é reconhecida na semelhança, a capacidade de empatia é maior, os vínculos são mais discriminados, as relações são mais reais. Há um reconhecimento dos limites do que é seu, do que é meu, do que é do grupo, do que é do indivíduo. É quando o técnico de futebol reconhece os talentos individuais mas procura subordiná-los às necessidades de complementaridade que o esquema tático requer.

O processo de transformação nos grupos implica em questionar esses mitos grupais. *Será que somos tão unidos como parecemos? Será que este grupo conseguirá atingir o seu objetivo da forma como estamos nos relacionando? Será que somos tão integradores assim? Será que nos bastamos como indivíduos isolados? Por que tememos a nossa união? Vamos perder a nossa identidade?*

Assim como os mitos servem para a estabilidade do grupo, a quebra dos mesmos serve para a transformação, para a mudança. O mito é instrumental, muitas vezes; outras, é um entrave para o crescimento. Precisamos, pois, questionar para que e até que ponto o mito está servindo à operatividade grupal.

As pessoas agora são aceitas com os seus limites e possibilidades, sem idealização. É a fase da diferenciação dos vínculos sem perder de perspectiva a coesão grupal. É o momento da síntese dialética e não há um mito grupal. A poesia de Madalena Freire reflete bem esse estágio das relações em grupo.

EU NÃO SOU VOCÊ

(Madalena Freire)

Eu não sou você, você não é eu.

Eu não sou você e você não é eu
Mas sei muito de mim vivendo com você
E você sabe muito de você vivendo comigo?
Eu não sou você e você não é eu

Mas encontrei comigo e me vi enquanto olhava para você
Na sua, minha insegurança
Na sua, minha desconfiança
Na sua, minha competição
Na sua, minha birra infantil
Na sua, minha omissão
Na sua, minha firmeza
Na sua, minha impaciência
Na sua, minha prepotência
Na sua, minha fragilidade doce
Na sua, minha mudez aterrorizada

E você se encontrou e se viu enquanto olhava para mim?

Eu não sou você e você não é eu
Mas foi vivendo na minha solidão que conversei com você
E você conversou comigo na minha solidão ou fugiu dela, de mim, de você?
Eu não sou você e você não é eu

Mas sou mais eu quando consigo lhe ver porque você me reflete
No que ainda sou, no que já sou, e no que ainda quero ser

Eu não sou você e você não é eu
Mas somos um grupo, enquanto somos capazes de, diferenciadamente, eu ser eu vivendo com você e você ser você vivendo comigo

3. Resistência a mudança e transformação

Em qualquer experiência com grupos não é difícil perceber a temática da mudança e transformação ao longo da sua trajetória. Isso implica num movimento de equilíbrio e desequilíbrio natural presente no acontecer grupal.

Qualquer sistema físico-químico em equilíbrio possui certa inércia que tende a restabelecer ou manter esse equilíbrio qualquer que seja a origem e natureza das ações que tendem a modificar o sistema.

Toda modificação produzida no equilíbrio de um sistema ocasiona, dentro deste, a aparição de fenômenos que tendem a opor-se a essa modificação e a anular seus efeitos. Semelhante fenômeno é presente nos grupos.

Facilitar a mudança de um grupo implica em provocar o desequilíbrio de forças opostas e a diminuição do nível de resistência; em criar condições para uma comunicação clara e eficaz que permita aos integrantes viver dificuldades e crises e investir em atitudes de mudança. Isto se desmembra em mudança no próprio grupo.

A comunicação deve permitir amplas possibilidades de expressão entre os integrantes para que possam rever seus estilos, suas normas, criar espaço à redefinição da autorregulação, não apenas no nível da tarefa, mas também em nível das atitudes e percepções, motivações individuais e grupais.

Propiciar mudança exige que se reconheça no grupo efeito das resistências:

1. A inércia própria da natureza humana frente a situações de mudança incita os integrantes a recuarem frente à necessidade de um esforço de transformação.

2. A ansiedade originada pela perspectiva de mudança provoca nos integrantes uma reação de oposição.

3. O grupo exerce pressão para conseguir uma uniformidade de rendimento entre os integrantes, o que pode inibir o investimento criativo e provocar a resistência.

A resistência à mudança é superada pela transformação desenvolvida no processo grupal. Transformação, ato ou efeito de transformar, significa dar nova forma, feição ou caráter; tornar diferente do que era; mudar, modificar, transfigurar.

"Trans-formar" significa formação contínua e co-partilhada entre os integrantes de um grupo, propiciando o exercício de atitudes de mudança. A mudança e a resistência à mudança são os polos opostos do processo de transformação.

É um fazer que implica em "trans-forma-ação": movimento que vai além da ação de alguém sobre o outro, é um processo de estruturação permanente. Movimento em que se articulam mudanças e resistências das próprias pessoas, entre elas, e delas com o fazer conjunto. A transformação supõe que as pessoas queiram, juntas, enfrentar o novo, propondo-se a desenvolver capacidades inovadoras de envolver-se com a realidade. É um movimento que inclui o conhecido e o desconhecido, a progressão e a regressão, os acertos e os erros.

O pensamento dialético que se ajusta mais à realidade, já que a mesma é, em si, dialética e, por esse prisma, se reduz a ambiguidade no âmbito do grupo. Já o pensamento dilemático se instala como um obstáculo a aprendizagem e criatividade, *paralisando* o processo de transformação da realidade que é o que define a operatividade de um grupo. O grupo operativo trabalha no sentido de corrigir a visão distorcida da realidade.

Quando há uma fragmentação do objeto de conhecimento em diversas partes impossibilitando a integração, a visão do todo, há também uma dissociação e desconexão desse objeto em relação a outros presentes nesse campo. Como consequência, se produz internamente a fragmentação do vínculo e do eu. A tarefa é integrar o objeto de conhecimento interno com o externo. Através da transformação do conflito dilemático (que não permite uma resolução) em problemático (que abre a possibilidade da resolução e da integração). No conflito dilemático as relações internas entre os polos contraditórios não são visíveis pois estão dissociados. No conflito problemático a resolução vem da visualização das ligações entre os aspectos contraditórios.

Em primeiro lugar entendendo a necessidade do conflito, dos obstáculos à aprendizagem e, em segundo lugar, procurando aprofundar e desenvolver as partes contraditórias do conflito.

O grupo não é um processo congelado, uma fotografia, é um fenômeno em constante mutação num movimento que inclui estruturação, desestruturação, reestruturação, que imprime o desenvolvimento. O motor propulsor desse movimento é exatamente a luta de contrários.

Essas contradições vão chegando a diferentes níveis de resolução, mas nunca se resolvem de todo; são incessantes. Contradição sujeito-grupo.

Chegamos a um grupo cheio de imagens, cenas, personagens, medos construídos no nosso mundo interno através das nossas vivências anteriores. O que ocorre é que, através da interação com os outros integrantes, esse conjunto que compõe o mundo interno vai se encontrar com o conjunto de cenas e personagens que constituem o mundo externo e normalmente esse encontro gera um questionamento que reforça e nega alguns aspectos.

Se nos identificamos com o outro através das suas ideias e comportamentos podemos ajudá-lo. Se essa identificação é massiva e gera uma fusão, uma não diferenciação do eu com o outro gera confusão. Se ficarmos excessivamente distantes, perdemos o outro de perspectiva, não há aprendizagem. Então o processo de integração do indivíduo com o grupo pode passar por essa gama de situações.

O mundo interno que configura a nossa identidade seria um sentimento de *continuidade*, algo que se mantém apesar das mudanças. Todos nós vamos nos transformando; no entanto, há um fio que se mantém, como uma espinha dorsal.

Quando nossas referências estão sendo questionadas e novas estão por incorporar se produz um sentimento de insegurança em nossas relações. Em nosso contato com as pessoas emerge um sentimento de vazio de incerteza, pois há um questionamento de identidade.

Isso ocorre porque o outro impede que vejamos apenas o que nossa fantasia nos indica para ver. Esse processo significa a dificuldade de lidar com outra contradição que é a do velho-novo.

O velho e as antigas formas de comportamento não atendem nossas necessidades, nossas indagações. O novo é desconhecido e não sabemos exatamente que alterações provocarão. Emerge uma descontinuidade.

No momento em que se produzem sentimentos de incerteza é porque estão presentes as ansiedades básicas de perda e ataque (Há um medo da perda do possuído, conhecido, vivido e incorporado e um temor, um sentimento de ataque do que é desconhecido, pois imaginamos não possuir os meios adequados para enfrentar a situação, que nos apresenta como desafio).

Pela sua intensidade, essas ansiedades podem produzir resistência à mudança em direção a um projeto que se configura como uma contradição básica. Surge a desestruturação e a tendência a repetir velhos modelos conhecidos a fim de reduzir e controlar essas ansiedades. Coexistem desejo e temor quando as contradições se tornam agudas; todas as contradições fundamentais entram em crise. Gera um clima emocional intenso; via de regra, nessas situações, é que o grupo dá um salto do velho para o novo.

Mais adiante esse novo se transforma em velho (o que foi facilitador num determinado momento se torna dificultador em outro).

4. Relação institucional – o diagnóstico transformado em destino. Onde quebra o paradigma?

Ao conversar hoje em dia com as pessoas, verificamos com frequência a percepção e vivência de um estado de crise de caos pessoal com ênfase em sentimentos de confusão, ameaça e depressão bastante relacionados ao contexto institucional em que estão inseridas. E aqui colocamos o foco no trabalho em si desenvolvido coletivamente dentro de uma organização.

As instituições reproduzem, por sua vez, o contexto social mais amplo que envia sinais muitas vezes contraditórios: "O balanço da economia é positivo, a inflação está controlada, o ano que vem teremos apenas um dígito" – diz o noticiário da televisão, que também diz, que hoje o Brasil é um dos países de maior concentração de renda do planeta e portanto um dos mais miseráveis. Essa mesma cisão entre o discurso e a prática é vivida por quem trabalha em instituições. A mensagem de que está tudo bem e a vivência do cotidiano mostrando outra realidade. Esse processo tem gerado uma produção de subjetividade que tem levado as pessoas, muitas vezes, a se colocar num lugar de que não há nada a fazer, nada presta, não tem saída, ou seja, paralisia, apatia e até doença.

A gente adoece quando se coloca como vítima de um processo, numa relação de objeto sem ter como gerir seu próprio trânsito. Mas a instituição não é só o instituído; as regras, as normas e as determinações dentro dela coexistem forças instituintes, forças questionadoras do *status quo*, que trazem uma nova possibilidade para o desenvolvimento do trabalho coletivo, mesmo que não se manifestem explicitamente.

Entretanto quando nos sentimos oprimidos, procuramos a prática privada, o isolamento, as decisões pessoais, as ausências psicológicas etc. Muitas vezes pode parecer uma tarefa árdua, um vício sadomasoquista examinar a nossa forma de perceber a realidade, as relações de força implicadas no ambiente em que vivemos, o papel que desempenhamos nelas, tomando uma distância do problema. Mas esse exercício é fundamental para que possamos nos enxergar melhor e às nossas possibilidades.

Os vínculos entre as pessoas de uma instituição são basicamente vínculos de poder, pelo paradigma básico inicialmente imposto da hierarquia. Porém, existem outras variáveis como a competência técnica; as informações privilegiadas representam capitais simbólicos, na luta pela sobrevivência, por um lugar ao sol, por ser reconhecido.

As forças instituintes são as que procuram articular o saber para entender as determinações institucionais, propondo uma nova configuração dos espaços, uma nova dinâmica para a distribuição do poder. Elas se apoiam nas brechas históricas que existem nas regras estabelecidas pelo instituído.

O primeiro passo no sentido de um movimento libertador é ir além da queixa, da vitimização, que leva a perda da capacidade de pensar, e que termina sendo uma forma de conferir poder "àquele que nos faz sofrer" e também questionar: é o outro que me faz sofrer, ou sou eu que sofro com o que o outro me faz? Em síntese, é se perguntar: o que fazemos com o que o outro faz a nós?

Muitas vezes desenvolvemos de forma sofisticada nossa habilidade de descrição da situação; consideramos que fizemos um excelente diagnóstico e nos contentamos com isso. Não percebemos que, sutilmente, transformamos aquilo que chamamos de diagnóstico em nosso próprio destino. Nesse sentido, a dialética do discurso se torna uma alienação na prática.

O outro lado da moeda são as nossas matrizes pessoais, ou seja, os nossos modelos internos aprendidos ao longo da nossa história de vida, que nos levam a assumir atitudes paralisantes ou facilitadoras, diante das dificuldades da vida; principalmente nas relações com as figuras de autoridade.

Paul Watzlavick teórico da comunicação no seu livro *A Arte de Amargar a Vida* coloca que existem algumas maneiras muito fáceis de chegar lá: a primeira receita é ser *fiel a si mesmo*, à sua própria essência, tal como na história do escorpião com a tartaruga: o escorpião queria atravessar o rio e pediu carona à tartaruga, que negou dizendo não confiar no escorpião, pois achava que no meio do rio seria mordida por ele e morreria. O escorpião deu risada e disse à tartaruga que era uma boba, pois, se fizesse isso, ele também morreria. Convencida com a lógica do escorpião, lá se foram os dois fazer a travessia do rio, o escorpião no casco da tartaruga. No meio do rio, o escorpião mordeu a tartaruga, a qual antes de morrer perguntou ao escorpião porque fizera aquilo, lembrando a sua promessa e o fato de que ele também morreria. O escorpião respondeu: "É a minha natureza".

Quantas e quantas vezes ouvimos essa frase; muito boa como autojustificativa para não mudar, mas um excelente atestado de óbito em algumas circunstâncias. As pessoas fechadas em suas próprias razões, muitas delas para manutenção de uma posição e interesses pessoais, não percebem que essa mesma manutenção de suas verdades termina por incapacitá-las de chegar ao lugar que sonharam; só resta, como consolo, enaltecer a sua rigidez enquanto essência. Normalmente essas pessoas raciocinam de uma maneira tal que tornam-se vítimas fatais, ou seja, o que tem nos causado o mundo, o destino, a natureza, os cromossomas, a sociedade, os pais, os parentes e os amigos. É tão grave que a simples insinuação de que poderíamos encontrar um remédio seria uma ofensa. É comum a frustração de um amigo que depois de inúmeras tentativas de aconselhamento percebe que a vítima ainda sai irritada, porque interpreta a tentativa de ajuda, uma desqualificação do seu problema pelo aparecimento de alternativas de solução.

A segunda receita diz respeito à *ancoragem no passado*, pelo fato de algum tipo de solução ter funcionado e hoje não funcionar mais. Pode ser a idade de ouro da juventude ou ser um caso amoroso. Essa busca do passado normalmente não conduz a nada; é como procurar uma chave que foi perdida num lugar escuro, debaixo do lampião, porque está claro e dá para enxergar. A arte de aferrar-se ao passado é um excelente instrumento para não ocupar-se do presente e, normalmente, diante da sugestão de resgate do que funcionou para o presente, o raciocínio é: "agora é tarde demais, agora não quero mais". Essa obsessão pelo passado converte a solução usada em progressivamente ineficaz e a situação progressivamente mais complicada, ao ponto de que só aparece uma única possível permitida, razoável e lógica solução para o problema; e se não dá certo é porque não houve suficiente esforço.

A terceira fórmula rápida e segura é a da profecia *autorrealizável*. É a virtude de atrair exatamente aquelas circunstâncias que se pretendia evitar. Por exemplo, basta a suspeita, com ou sem fundamento, de que os outros estão falando mal de alguém, para virar um "fato". A partir daí passamos a desconfiar do outro e dos outros, e os acontecimentos mais simples transformam-se em provas contundentes de que a desconfiança tem fundamentação na realidade. Como a pessoa em questão passa a comportar-se a partir dessa visão de mundo gera, efetivamente, comentários no grupo, e então se cumpre a profecia.

Estamos diante do desafio de identificar e articular outro tipo de posicionamento, de correr risco, encontrar locais de potência. É natural, por outro lado, que muitas vezes sintamos dificuldades de visualizar as saídas para os impasses em que nos envolvemos, pois não fomos treinados para construir soluções coletivamente e nem para integrar vários saberes; e sim para o trabalho individual e especialista. Precisamos reaprender a refazer as nossas matrizes, superar o medo de inventar e criar nossas próprias soluções. Hoje o mundo do trabalho procura por pessoas multi-habilitadas e com competência relacional, para o trabalho em equipe. Nada disso aprendemos na escola, como também não aprendemos a ser pais e mães.

A instituição muitas vezes atua contraditoriamente na medida em que fragmenta as pessoas em descrições de cargos e demanda dessas mesmas pessoas respostas interdisciplinares. É importante compreender esse processo para que a fragmentação do trabalho não gere uma fragmentação do eu, da pessoa.

Rever a organização dos papéis a que serve e a que deveria servir pode ser interessante, pois a mesma está diretamente ligada ao funcionamento psíquico, é a salvaguarda do equilíbrio psicológico, pois é formadora da identidade; o trabalho é, portanto, um importante mediador da saúde.

Quando entramos em conflito com o nosso papel institucional, há uma dose de sofrimento decorrente do fato de a nossa identidade estar sendo questionada, mas que pode representar também um movimento criador inerente ao processo de aprendizagem e mudança. Entretanto, após tentativas frustradas de encontrar saídas ou de uso dos mecanismos de defesa emerge um sofrimento mais profundo. É também preciso rever com mais profundidade a nossa percepção dos acontecimentos e a nossa participação neles. Só que essa revisão implica num convite à participação do outro, daquele que às vezes considero o "meu inferno", pois o outro pode ter consigo a outra peça do quebra-cabeça, e o diálogo pode reunir e abrir uma nova possibilidade para ambos.

O processo de mudança, a luta para sair de uma situação indesejável, a partir de uma visualização adequada da realidade, traz melhoria na saúde de quem dele participa. Significa encarar a crise dentro do seu significado grego de superação, como espaço transicional de grande relevância, pois deixa explícitos os pontos de tensão e as articulações essenciais entre as pessoas envolvidas, criando assim a condição de leitura que indica as alternativas de saída possíveis. E aí vai ser possível avaliar quais as minhas reais chances de mudança, a partir da posição que ocupo, de desenvolver o trabalho de forma diferente ou não, que outros caminhos eu tenho dentro e fora do sistema em que me encontro inserido, e assim poder tomar decisões que façam avançar o processo em direção a uma melhor qualidade de vida. Nesse momento é que nos tornamos seres pensantes e possivelmente mais amorosos.

5. Impactos frente à transição para a mudança

Conhecer e aplicar conceitos básicos de planejamento e mudança, em uma visão superficial, parece simples. Ao aprofundar-se tal significado, constata-se que administrar o cotidiano em uma fase de transição para a mudança é algo mais complexo. O desempenho dessa função pode implicar na capacidade de:

1. *Analisar e planejar mudanças* – prever efeitos e problemas; preparar respostas e soluções aos problemas; desenvolver um plano de ação.

2. *Conquistar a aceitação da mudança* – escolher o método a ser utilizado a curto, médio e longo prazos, para o processo de mudança.

3. *Implantar a mudança* – passagem da situação existente à nova situação; saber decifrar o acontecer grupal; perceber a presença de porta-vozes.

4. *Acompanhar e consolidar mudanças* – identificar problemas não previstos: saber decodificar os emergentes grupais; corrigir os problemas identificados; analisar o desempenho da tarefa não perdendo de vista os objetivos.

5. *Elaborar mudanças e resistências* – propiciar mudança implica que se reconheça no grupo o efeito da resistência; que a ansiedade originada pela perspectiva de mudança provoca reação de oposição; que a inércia da própria natureza humana

incita os integrantes de um grupo a recuarem frente à necessidade de um esforço de transformação; que o grupo, frente ao processo de mudança, exerce pressão tentando uma uniformidade de rendimento. Contraditoriamente, essa pressão pode inibir o investimento criativo e provocar resistências.

As relações cotidianas entre as pessoas e as organizações poderão encontrar novas perspectivas de relação entre os grupos funcionais e os grupos de direção, tomando por base essas novas concepções, em que o processo do trabalho é uma construção permanente.

O trabalho em grupo atende à necessidade de um modelo de gestão participativa, em que os profissionais devem ter habilidades para lidar com mudanças, tanto de um modelo administrativo para outro, quanto de conviver com as situações imprevisíveis do cotidiano de trabalho.

A construção de um grupo supõe que ele venha a ser eficiente. Grupo eficiente implica em um processo constante de produção, criação e protagonismo entre seus integrantes. Para tal, o grupo deve saber enfrentar as mudanças que se fazem necessárias; superar as resistências que surgem em todo processo de mudança; evitar que os profissionais tenham fobia à mudança, por acharem que em grupo não conseguirão encontrar as soluções dos novos problemas; impedir que os impasses não elaborados do grupo se cristalizem, chegando a provocar somatizações nos integrantes.

A mudança vem acompanhada por crises e rupturas. A empresa nem sempre tem clara sua nova filosofia, sua cultura. Menos ainda, como lidar, concomitantemente, com dois modelos de administração, como aclarar para os profissionais os novos padrões de comportamento. Como permitir que os mesmos assimilem, sem medo, os novos papéis; como ajudá-los a aprender que a competência adquirida no modelo a ser superado pode contribuir para saídas criativas, evitando-se impasses.

A crise é própria do desenvolvimento humano. Estas crises evolutivas nos permitem aprender novos modos de pensar, sentir e agir. As crises são também graves acontecimentos, que rompem padrões tradicionais de comportamento.

Como vimos anteriormente, crise é transição em que modelos opostos convivem simultaneamente. É um momento de instabilidade, porque a ordem anterior deixa de existir e a nova ainda não é suficientemente clara para fornecer parâmetros de comportamento.

As estruturas determinadas e conhecidas, que davam segurança, devem ser superadas e com isso colocam o profissional frente ao desconhecido. A transição gera uma ocasião favorável, um campo de possibilidades que desafiam, não só para as pessoas terem coragem de enfrentar o desconhecido, mas especialmente para acionarem a capacidade criadora.

Conviver com os novos modelos supõe uma visão flexível para novas soluções aos problemas. As pessoas que têm postura rígida não conseguem perceber as crises como uma redefinição para o desenvolvimento, mas as identificam com o caos.

Conviver com a desestruturação e desintegração deve ter a perspectiva da reestruturação e reintegração.

A necessidade de mudança altera estruturas e põe em questão a estabilidade pessoal e relacional, provocando reações defensivas nas pessoas e nos grupos.

As reações defensivas podem ajudar, quando progressivamente se realiza a transformação; ou podem não ajudar, quando há paralisação, gerada pela quantidade de ansiedade despertada e não elaborada. Quando ocorre paralisia, o aparato transformador, que poderia se desenvolver, não consegue ser ativado.

Os mecanismos defensivos fazem com que as pessoas e os grupos se apeguem ao que sentem como perda, seja incrementando vínculos narcisistas, chorando o perdido e identificando-se com ele, seja projetando-o no futuro como algo idealizado, negando assim a realidade.

O aparato transformador começa com a mobilização da estrutura narcísica latente em toda relação interpessoal: um proteger-se na própria individualidade. Na luta por projetos, e nas incertezas da instabilidade e confusão (por não se conseguir segurança nem no antigo e nem no novo), essa desestruturação se constitui em ataque ao eu, à identidade e à autoestima. Vive-se em sofrimento psíquico, pois as pessoas passam a viver à mercê dos acontecimentos (dos quais não têm controle) e passam a sentir-se vulneráveis, vazias e sem futuro. O aumento de ansiedades persecutórias mobiliza mecanismos defensivos de dissociação.

Estes mecanismos intensificam a rigidez, o autoritarismo, tornando insuportável lidar com o diferente, provocando agressividade e impedindo a co-participação ou parceria. Quando a etapa defensiva é superada, inicia-se a elaboração da crise, permitindo uma relação fluida entre os distintos níveis afetados e ativando os mecanismos de mudança. A elaboração das crises abre possibilidades de caminhos inovadores. Se as pessoas apenas assistirem à crise, colocam-se no papel de impotentes e passivas. Mas, ao se colocarem de maneira ativa, resgatam sua história pessoal, grupal e institucional. Nesse resgate, conseguem fortalecer a própria identidade. Sai da crise, o que implica em mudança. Mudança nas relações de trabalho, na maneira de pensar e sentir, na abertura de espaço para o diálogo, na intenção de transmitir o que sabem; no ritmo de vida; na consciência do tempo vivido em termos de presente, passado e futuro.

Nesse momento de elaboração, é importante a clareza dos projetos institucionais, os quais dão suporte à superação do vazio e tornam as relações de trabalho centradas e com um nível de cooperatividade produtiva, eficiente e eficaz.

6. A mudança na relação com o âmbito institucional e organizacional

Um grupo não é uma célula isolada em si mesma. Ele se insere num contexto maior onde podemos incluir os indivíduos que o compõem e que, em outros momentos, deixam de atuar nos seus papéis de integrantes do grupo para atuar em outros papéis sociais fora de seu grupo de trabalho, com outras pessoas, com outras equipes. Incluímos, também, a própria organização de que o grupo faz parte. Ainda há as instituições sob as quais se inserem os indivíduos, as organizações, as equipes. Há então uma determinação recíproca entre todas essas instâncias, ou seja: as instituições influenciam o comportamento das organizações, que, por sua vez, influenciam o comportamento dos grupos e esses últimos dos indivíduos, que, por sua vez, influenciam o comportamento dos grupos aos quais pertencem; essas equipes influenciam o comportamento organizacional e todos eles determinam o comportamento social através das "instituições".

Entendendo melhor:

As instituições, aqui não entendidas como "estabelecimentos" ou como "organizações públicas", mas como corpos jurídicos, normativos e culturais da realidade social determinam ideias, valores, crenças, leis, costumes que determinam as formas de comportamento social. As instituições são, portanto, uma abstração (SHIVARSTEIN, 1992). Elas representam o quanto disso tudo está estabelecido, está posto, está "instituído". Por exemplo, o que se pensa e se faz sobre educação, saúde, cidadania, distribuição de renda, família, negócios etc. Quando dizem que a instituição família está falida, se está dizendo que perdeu seus valores "mais nobres" como matrimônio, fidelidade, união, diálogo, respeito entre pais e filhos, dentre outros.

As organizações são o sustento material das instituições, ou seja, o lugar onde o que está estabelecido como ideias, valores, crenças, costumes, leis, se materializam em forma de atribuição de papéis, normas, regulamentos, *lay out*, uniformes, modos de fazer, formas de pensar, sentir e de agir. Portanto as organizações têm efeito produtor sobre os indivíduos e as equipes. Poderíamos dizer que a "cultura" organizacional é a instituição; enquanto a estrutura, as estratégias e os sistemas organizacionais são o sustento material dessa instituição.

Enquanto reprodutores do instituído, do estabelecido, temos as organizações, as equipes e os indivíduos objeto. Eles sofrem o que Guatarri chama de um atravessamento econômico e ideológico das instituições que limita e condiciona a capacidade de ação das organizações, dos grupos e dos indivíduos. Essa dimensão vertical relativiza a autonomia.

A transformação acontece através de um processo dialético entre o instituído – o que está estabelecido e o instituinte –, o questionamento e a negação do estabelecido. Enquanto elementos instituintes, têm organizações, equipes e indivíduos sujeitos. Cultuam valores próprios, possuem uma identidade singular, denotam uma coerência interna. É o que Guatarri chamou de transversalidade, ou seja, a existência de uma ordem horizontal nas organizações, impondo uma identidade própria.

Quando o atravessamento da organização sobre o grupo adquire características absolutas, ela se transforma numa série – num grupo objeto. O grupo objeto é simplesmente reprodutor e materializa o estabelecido. Já o grupo sujeito ou instituinte é contestador, é crítico com relação à realidade, é inconformado, é criador, propondo uma nova ordem. Provoca um movimento transversal e horizontalizante, possui capacidade para modificar e ser modificado pela organização a que pertence. Isso acontece quando há atitudes de mudança e motivação de cada um de seus integrantes. Muitos gerentes de empresas consideram o comportamento dessas equipes como "subversivos" no sentido pejorativo da palavra. São subversivos, sim, porque subvertem a "ordem" das coisas e são essas equipes que renovam, fazem circular sangue novo, inventam, criam, propõem.

As organizações precisam dos grupos, objeto para materializar o instituído. Como diz bem Schvarstein as organizações são um aparato para não mudar. Todos os sistemas organizacionais são estabelecidos para garantir a estabilidade. A mudança vem do processo de questionamento do instituído, portanto de um movimento instituinte, com a emergência de uma nova ordem, que pode ou não vir a ser instituída.

Referências Bibliográficas

ASCH, S. *Psicologia Social*. Buenos Aires: Eudebc, 1964.

BAREMBLITT, G. (Org.) *Grupos Teoria e Técnica*. Rio de Janeiro: Graal Ibraps, 1986.

BOURDIEU, P. *O Poder Simbólico*. Rio de Janeiro: Bertrand Brasil S.A., 1989.

CHAUÍ, M. *Escritos sobre a Universidade*. São Paulo: UNESP, 2001.

CHIAVENATO, I. *Introdução à Teoria Geral da Administração*. McGraw-Hill do Brasil, 1983.

DOMINGUES, I. Comunicação e Aprendizagem. Mundo Interno e Mundo Externo.Texto utilizado na formação em Equipes Operativas pelo IPR de S. Paulo e pelo Núcleo de Psicologia Social da Bahia.

FERNANDEZ, A. M. *El Campo Grupal – Notas para una Genealogia*. Buenos Aires: Nueva Vision, 1998.

FOUCAULT, Michel. *Microfísica do Poder*. Rio de Janeiro: Graal, 1979.

GOFFMAN, E. *A Representação do Eu na Vida Cotidiana*. Petrópolis: Vozes, 1995.

HARVEY, R. e FINLEY, M. *Porque as Equipes não Funcionam*. Rio de Janeiro: Campus, 1997.

KAES, R. La categoria de intermediário y la articulacion psicossocial. *Revista de Psicologia y Psicoterapia de Grupo*. Tomo VII nº 1, Buenos Aires, 1984.

LARROSA, J. E. e LARA, N. P. *Imagens do Outro*. Petrópolis: Vozes, 1998.

MANIGOT, M. Comunicacion Humana en los pequeños grupos. Aula proferida na Primeira Escola de Psicologia Social da Argentina Fundada por Pichon Rivière, 1992.

MARETIC, V. *Novas Políticas e Novos Rumos para o Ensino da Química*. (Cap. A – Sociologia, Antropologia e História). Salvador: Núcleo de Psicologia Social da Bahia, 1995.

MARX, Karl. Manuscritos econômicos filosóficos, primeiro e terceiro manuscritos, parte final. *In:* FERNANDES, F. (Org.). *Marx/Engels: História*. São Paulo: Ática, 1983.

MÉSZÁROS, I. *Marx: A Teoria da Alienação*. Rio de Janeiro: Zahar, 1981.

MORIN, E. *A Noção de Sujeito*. *In:* SCHNITMAN, D. F. *Novos Paradigmas, Cultura e Subjetividade*. Porto Alegre: Artes Médicas, 1996.

MOTTA, F. C. P. *Organização & Poder*. São Paulo: Atlas, 1986.

NUNES, J. de C. *Dono de minh'alma. O exercício do poder disciplinar nas sociedades industriais modernas sob a ótica de Michel Foucault*. Salvador: UFBa, 1997.

PICHON RIVIÈRE, E. *O Processo Grupal*. Buenos Aires: Nueva Vision, 1975.

SCHVARSTEIN, L. *Psicologia Social de las Organizaciones*. Buenos Aires: Paidós, 1992.

WATZLAWICK, P. *El Arte de Amargarse la Vida*. Barcelona: Herder, 1995.

WELLINS, R. *Equipes Zapp! (Empowered Teams)*. Rio de Janeiro: Campus, 1994.

Outros Títulos Sugeridos

O Poder da Gentileza
O modo como você trata as pessoas determina quem você é!

O que somos senão o resultado de como nos relacionamos com o mundo e com nós mesmos? É exatamente como enxergamos e tratamos tudo o que faz parte de nossa história que nos faz gentis ou rudes, gostosos ou amargos, agradáveis ou azedos.

Os males que nos afligem decorrem de nossa natureza individualista. Não nos contentamos em sermos ambiciosos. Cultivamos a ganância. E, em contrapartida, temos menos carinho, companhia e afeto. Acontece que, em detrimento do que é essencial, desperdiçamos grande parte de nossa vida investindo tempo e energia consideráveis em comportamentos que julgamos, equivocadamente, mais valiosos. Vivemos iludidos com a ideia de que é o quanto temos – e não o quão gentilmente vivemos – que nos dá o status que tanto temos buscado.

O *Poder da Gentileza* é, sobretudo, um apelo para que percebamos o quanto é urgente considerarmos o fato de que somos todos um, de que cada ação reflete indiscutivelmente no todo, e, por fim, de que a sua (e a minha) gentileza é, nesta medida, poderosa o bastante para mudar o mundo, mais do que qualquer erudição, mais do que qualquer posto hierárquico, mais do que toda e qualquer riqueza possível de se acumular!

Após ler *O Poder da Gentileza*, conscientizando-se e agindo em direção a práticas mais nobres e menos superficiais, certamente você encontrará sua essência, a paz e a calma que tanto merece. Ao fazer isso por você, estará fazendo também por mim. E por todos nós.

Autora:
Rosana Braga
Formato: 16 × 23 cm
Nº de páginas: 136

Outros Títulos Sugeridos

Avaliação por Competências
Ferramenta de Remuneração ou Desenvolvimento?

A globalização da economia e de informações têm levado as instituições a repensarem e aperfeiçoarem seus modelos de gestão. Tais alterações do mercado organizacional geram nas empresas uma demanda por profissionais atualizados e alinhados com as necessidades e tendências atuais.

Esta obra foi desenvolvida para suprir dificuldades identificadas em grandes empresas interessadas em implantar ferramentas de Avaliação e Desenvolvimento de Pessoas e tem o propósito de conscientizar e orientar tecnicamente as empresas na escolha assertiva de uma ferramenta de avaliação personalizada para cada cargo.

A seleção da ferramenta certa e o alinhamento da mesma com os objetivos a serem alcançados podem determinar o êxito de um projeto de Avaliação. Para tal, a autora Maria Odete Rabaglio aborda os seguintes assuntos: preparação da equipe gestora do projeto, cronograma do projeto, plano de divulgação do projeto, dicionário de competências conceituadas, relação de medidores de competências, relação de ações para o plano de desenvolvimento de competências e muitas outras ferramentas prontas para serem colocadas em prática.

Avaliação por Competências: Ferramenta de Remuneração ou de Desenvolvimento? esclarece todos os aspectos referentes à questão e ainda leva o leitor a refletir sobre a importância do desenvolvimento das pessoas ser um diferencial competitivo na conquista do sucesso.

Autora:
Maria Odete Rabaglio
1ª Edição: 2010
Formato: 16 × 23 cm
Nº de páginas: 96
ISBN: 978-85-7303-948-1

Entre em sintonia com o mundo

QUALITYPHONE:

0800-0263311

Ligação gratuita

Qualitymark Editora
Rua Teixeira Júnior, 441 – São Cristóvão
20921-405 – Rio de Janeiro – RJ
Tels.: (21) 3094-8400/3295-9800
Fax: (21) 3295-9824
www.qualitymark.com.br
e-mail: quality@qualitymark.com.br

Dados Técnicos:

• **Formato:**	16×23cm
• **Mancha:**	12×19cm
• **Fontes Títulos:**	Univers Condensed
• **Fontes Texto:**	New Century Schlbk
• **Corpo:**	11
• **Entrelinha:**	16
• **Total de Páginas:**	136
• 1ª Edição:	Março 2011
• Gráfica:	Vozes